Metropole: Ressourcen
Metropolis: Resources

IBA_HAMBURG

2

METROPOLE: RESSOURCEN

METROPOLIS: RESOURCES

JOVIS

ULI HELLWEG

Vorwort

Die Stadt im Klimawandel
Die IBA als strategisches Labor für urbane Energie- und Klimaschutzkonzepte

Die IBA Hamburg widmet den zweiten Band ihrer Schriftenreihe dem Schwerpunkt „Stadt im Klimawandel". Als eines von drei Leitthemen der IBA Hamburg hat dieser Schwerpunkt heute nicht nur weltweit eine herausragende Stellung in der Diskussion über die Zukunft der Städte, sondern gerade für diesen IBA-Ort Hamburg, und hier insbesondere für die Elbinseln, eine besondere historische Bedeutung. Über mehr als fünf Jahrhunderte wurden die Elbinseln Wilhelmsburg, die Veddel, der Kleine Grasbrook, die Peute den Fluten des Stroms und der See abgerungen. Was sich heute als Europas größte Flussinsel darstellt, ist eine einzigartige Kulturlandschaft, die sich in ihrer Topografie, ihrem Städtebau, ihren Nutzungen und ihrer sozialen Struktur direkt oder indirekt aus der Auseinandersetzung mit dem Wasser vor und hinter dem 27 Kilometer langen Ringdeich, der die Elbinseln heute schützt, entwickelt hat. Insofern stehen auch die beiden anderen Leitthemen der IBA Hamburg, „Kosmopolis" und „Metrozonen", in einem direkten Zusammenhang mit dem Leitthema der Stadt im Klimawandel. Die historischen Grundlagen für diese Wechselwirkung wurden mit dem Fächerplan von Fritz Schumacher von 1921 gelegt, der die Elbinseln - trotz der zahlreichen historischen Siedlungen - als Hafen- und Arbeitsgebiet im Kontext der Stadtentwicklung Hamburgs sah. Mit dem „Sprung über die Elbe" wurde der Funktionszusammenhang neu definiert: Nunmehr sollen die Elbinseln als strategische Reserve der Innenentwicklung Hamburgs erschlossen werden - ein Konzept, das dem Schumacher'schen diametral entgegen steht und dessen Erfolgsaussichten unmittelbar von der Antwort auf die Frage nach den Auswirkungen des Klimawandels auf Hamburg und speziell die Elbinseln abhängen. Internationale Bauausstellungen beziehen ihre Wirkungskraft aus drei Faktoren: der Relevanz des Themas, der Authentizität des Ortes und der Qualität der Projekte, die die Lösung des Themas am jeweiligen Ort demonstrieren sollen. Kein städtischer Ort in Deutschland verkörpert die Verletzlichkeit unserer Städte durch den weltweiten Klimawandel deutlicher als Wilhelmsburg. An keinem anderen Ort stellen sich die strategischen Fragen des Umgangs mit dem Klimaschutz, aber auch mit den nicht mehr vermeidbaren Klimafolgen so konkret wie auf den Hamburger Elbinseln. Dabei wird der strategische Zielkonflikt vor Ort unmittelbar deutlich. Auf der einen Seite besteht die Notwendigkeit des radikalen Umsteuerns, um eine drastische Reduzierung der Treibhausgasemissionen zu erreichen. Hierzu bedarf es eines Kanons von energetischen, städtebaulichen, verkehrlichen, architektonischen und bautechnischen Maßnahmen sowie eines praktischen Umdenkens und einer neuen sozialen Kultur des Umgangs mit den Ressourcen unseres Planeten, wie sie in diesem Band durch zahlreiche Beiträge dokumentiert werden. Auf der anderen Seite steht die notwendige Vorsorge gegen die absehbar nicht mehr zu vermeidenden Folgen des Klimawandels. Sorge und Vorsorge müssen gerade an einem Ort wie Wilhelmsburg mit seiner tragischen Fluterfahrung von 1962, bei der hier mehr als 200 Menschen ihr Leben verloren, mit besonderer Sensibilität angegangen werden.

Blick in den Hamburger Hafen
View into the port of Hamburg

greenhouse gases and to switch to renewable energy sources; added to which, fossil fuel sources are finite and will therefore become more expensive and less secure.

The Free and Hanseatic City of Hamburg has taken up this challenge and aspires to a pioneering function in this process. To this end, in September 2007, the Hamburg Senate approved the Hamburg Climate Protection Concept for the years 2007–2012; this includes a reduction of 2 million tonnes in CO_2 emissions by the year 2012, a 10% cut in relation to 2007. This ambitious target is to be reached through a wide ranging set of measures across all spheres of society, with new building projects and refurbishments of existing stock as crucial sector.

On 1 July 2008 the new Hamburg Climate Protection Ordinance came into force. This makes Hamburg the first German state to lay down region-wide energy standards for building work, which go beyond the federal-level German Energy Saving Ordinance (EnEV) 2007. For new builds the standard is about 30% above the EnEV requirements. The need for passive climate protection has also been recognised in Hamburg and is being tackled in practice. With this in mind, a concept for Hamburg's climate change adaptation strategy should be passed by the Senate by 2010.

IBA Hamburg offers the city a unique opportunity to develop innovative concepts for city-wide renewable energy supply in a kind of "Urban Laboratory", and to test them out in model projects. The international networks and high profile of the International Building Exhibition can be used to showcase and debate these Hamburg initiatives and models among the worldwide public.

The contributions in this volume show that not only has a rethink begun at an international level, and we can learn from many projects across the globe, but also that "on the Island" – from entrepreneur to resident – there is considerable willingness to strike out in new directions with the IBA Hamburg and to exploit the potential of an International Building Exhibition.

Note

1 The IBA Hamburg expert panel climate and energy consists of: Prof. Peter Droege, World Council for Renewable Energy, Melbourne (Australia); Dr Harry Lehmann, Federal Environment Agency, Dessau; Prof. Manfred Hegger, Technical University in Darmstadt; Stefan Schurig, World Future Council, Hamburg; Matthias Schuler, Transsolar, Stuttgart; Prof. Irene Peters, HafenCity University, Hamburg.

SZENARIEN DES KLIMAWANDELS

Städte im Aufbruch in ein neues Zeitalter

SCENARIOS FOR CLIMATE CHANGE

Cities emerging into a new era

HARTMUT GRASSL

Klimawandel und Klimapolitik

Daten, Szenarien, Fragen, Lösungen

Ausgangslage

Der beobachtete Klimawandel und die Klima-
vorhersagen für die kommenden Jahrhunderte
haben spät, vielleicht aber nicht zu spät, die
hohe Politik erreicht. Fast alle Nationen ringen
um ein völkerrechtlich verbindliches Protokoll,
das nach dem 2012 auslaufenden Kioto-Pro-
tokoll wirksam werden soll. Während bereits
feststeht, dass unser gegenwärtiges Energie-
versorgungssystem keinesfalls nachhaltig ist,
weil die begrenzten Ressourcen Kohle, Erdöl
und Erdgas sein Fundament bilden, ist der Weg
zu einem neuen Versorgungssystem und vor
allem die Geschwindigkeit, mit der er beschrit-
ten werden muss, für viele noch unklar. Klima
ist eine zentrale natürliche Ressource. Nur wo
bei hinreichender Sonneneinstrahlung ausreichend hohe Temperatur auftritt, genügend
Regen vom Himmel fällt und somit Nahrung
produzierende Pflanzen vorhanden sein
können, sind wir in der Lage, in großer Zahl zu
leben. Da das Klima nie konstant war oder sein
wird, sind alle Lebewesen zur Anpassung ge-
zwungen. Verläuft ein Klimawechsel allerdings
rasch, können Arten aussterben. Im Vergleich
zu den natürlichen Klimaänderungen der
vergangenen Millionen Jahre beeinflusst die
Menschheit das Klima heute mit weit höherer
Geschwindigkeit. Mittlerweile akzeptiert eine
sehr große Mehrheit der Klimaforscher, dass
die durch uns veränderte Zusammensetzung
der Atmosphäre zum Auslöser der raschesten
Klimaänderung seit Bestehen der Menschheit
geworden ist.

Kopplung des Klimawandels mit dem Verlust biologischer Vielfalt

In der Geschichte der Erde sind die großen
Artenverluste mit Klimaänderungen einherge-
gangen. So ist das Aussterben der Dinosaurier
vor 65 Millionen Jahren mit dem Einschlag
eines Himmelskörpers in der Region des
heutigen Yucatán verbunden gewesen. Dabei
wurde in hohem Maße Staub in die Atmosphäre
geschleudert, wodurch sich die Oberfläche der
Erde verdunkelte. Dies hatte eine niedrige Sonneneinstrahlung und damit eine starke Abküh-
lung zur Folge, die die Fotosyntheseleistung der
Pflanzen schwächten und sie sowie die Tiere
aussterben ließen.
Was hat das mit der heutigen Situation zu tun?
Nur ein kleiner Teil der damals auftretenden Ab-
kühlung ist heute als maskierender Teil für die
mittlere globale Erwärmung aktiv: Die erhöhte
Lufttrübung über Gebieten mit starker indus-
trieller Aktivität macht unseren Planeten von
oben her betrachtet etwas heller, infolgedessen
wird weniger Sonnenenergie absorbiert. Die
hohe Geschwindigkeit der trotzdem resultieren-
den mittleren globalen Erwärmung veranlasste
die Arbeitsgruppe 2 des UN-Klimarats (IPCC,
2007) zu folgender drastischer Aussage: „Ohne
Klimaschutzpolitik werden am Ende des 21.
Jahrhunderts 20 bis 30 Prozent aller bekannten
Arten vom Aussterben bedroht sein."
Warum herrscht in der Öffentlichkeit immer
noch Verwirrung? Wie häufig bei zahlreichen
politischen Äußerungen und Maßnahmen, die
durch das Auftauchen alarmierender Thesen
erzwungen werden, stürzen die sich wider-

Sturmschaden
Storm damage

HARTMUT GRASSL

Climate Change and Climate Politics

Dates, scenarios, issues, and solutions

Background

Observed climate change and climate predictions for the coming centuries have been slow in reaching the top of the political agenda, but perhaps it is not too late. Just about every country is fighting for an internationally binding protocol to come into effect after the Kyoto Protocol runs out in 2012. While it is clear that our current energy supply system is far from sustainable – because it is based on the limited resources of coal, crude oil, and natural gas – many people are still uncertain about the route to new energy provision and especially the speed at which it must happen. The climate is a fundamental natural resource. Only where sunshine takes temperatures to a sufficiently high level, and enough rain falls from the sky to sustain food-producing plants, are we in a position to live in large numbers. As climate has never been constant, and never will be, all living creatures are forced to adapt. If climate change takes place quickly, however, species can become extinct. Human alterations to today's climate are happening much faster than the natural climate changes of the past millions of years. The vast majority of climate researchers now agree that the atmosphere we have modified has become the trigger for the fastest climate change in human existence.

Coupling climate change with loss of biological diversity

Throughout earth's history, the large-scale species losses have been associated with climate

sprechenden Nachrichten in den Medien die Öffentlichkeit in Wechselbäder – dagegen bleibt der Wissensstand der Bürger in aller Regel hinter den in der Fachliteratur bereits verfügbaren Informationen zurück. Die Gründe dafür sind vielfältig: Interessengruppen gehen mit zweitrangigen Wissenschaftlern gegen die wissenschaftliche Basis möglicher politischer Änderungen vor. Wissenschaftler, die selbst nie zur eigentlichen Fragestellung geforscht haben, ergehen sich wiederum in spektakulären Außenseiter-Thesen, oder einzelne Journalisten bereiten die komplexe wissenschaftliche Debatte, die an jeder Forschungsfront geführt werden muss, missverständlich auf. In den folgenden

zwei Abschnitten werde ich zunächst über den beobachteten und mittlerweile als anthropogen eingestuften Klimawandel berichten und im Anschluss auf Klimaszenarien der kommenden Jahrzehnte und Jahrhunderte eingehen.

Der beobachtete anthropogene Klimawandel

Im 19. Jahrhundert wurde ein fast weltumspannendes meteorologisches Messnetz für die Lufttemperatur und den Luftdruck entwickelt; später war es dadurch auch möglich, die Feuchte, die Bewölkung und die Strahlungsenergie der Sonne zu messen. Aufgrund dessen können

Überflutete Straße in Europa nach schwerem Regenfall im Mai 2007   Flooded street in Europe following heavy rainfall in May 2007

changes. So the extinction of the dinosaurs sixty-five million years ago has been linked to the impact of a meteorite in what is now the Yucatan. As a consequence, large quantities of dust were released into the atmosphere, casting the surface of the earth into darkness. This resulted in low solar radiation and a severe cooling effect, which weakened plants' photosynthetic capabilities, leading to their extinction, along with that of the animals. What does this have to do with our present-day situation? Only a small part of the cooling that occurred back then is actively masking the global average temperature: increased turbidity in the atmosphere over regions with heavy industrial activity makes our planet appear somewhat brighter from above, and as a result less energy is absorbed from the sun. The speed with which the global average temperature is rising, in spite of this, has led Working Group II of the UN climate advisory panel to make the following drastic prediction: "Approximately 20 to 30% of plant and animal species assessed so far are likely to be at increased risk of extinction if increases in global average temperature exceed 1.5 to 2.5 °C." So why is there still confusion among the general public? As is often the case with political statements and measures that are forced into the open by the emergence of alarming theories, the public blows hot and cold in response to the contradictory news in the media – on the other hand, the level of the average citizen's knowledge lags behind the information already available in the specialist literature. There are many different reasons for this. Interest groups relying on mediocre scientists reject the scientific basis for potential political changes. Scientists who have never conducted serious research themselves get embroiled in sensationalist, maverick theories, or individual journalists serve up a misleading version of the complex scientific debate that must be conducted in any frontline research. In the next two sections I will start by reporting on observed climate change, now classified as anthropogenic, and then go on to address the climate scenarios for the coming decades and centuries.

Observed anthropogenic climate change

During the nineteenth century a near-global monitoring network for air temperature and air pressure was developed; this led subsequently to the ability to measure humidity, cloud cover, and the sun's radiant energy. Based on this we can speak of *directly observed* changes. In recent decades we have also succeeded in reconstructing the earth's climate history from substances such as marsh pollen as well as other ancient deposits like ice sheets, sea and ocean sediments, and corals. This meant, for instance, that we could deduce, almost continuously over hundreds of thousands of years, the global ice volume or the temperature of precipitation formation. Overall these measurements have yielded five directly observed climate changes:

1. Since 1900 the global average surface temperature has risen by about 0.8°C (see page 20), with the increase particularly pronounced at the present time.

2. The global average sea level has risen by about 20 centimetre since 1900 (see page 20). Measured comprehensively since 1992 using satellite sensors as well, by 2006 the average rate of increase went up by 3.1 ± 0.5 millimietre per year. This rise is the result, in more or less equal measure, of ocean warming, mainly in the upper layers, and of melting mountain glaciers and ice sheets.

3. The overall higher precipitation due to surface warming has been distributed variably, so high northern latitudes predominantly had significant increases (up to 30%), and the inner tropics often more, though the semi-arid zones mostly experienced lower levels (losses of 30% are not uncommon). In other words, in areas of high precipitation even more rain often fell, and regions already hit by drought were affected more frequently and severely by water shortages. As aridity and drought exacerbate economic and social problems, climate change is also polarising the differences between poor and rich countries.

4. The Arctic sea ice cover, measured across the region by satellite since 1978, shrank in

wir von *direkt beobachteten* Änderungen sprechen. In den letzten Jahrzehnten ist es darüber hinaus gelungen, sowohl aus Materialien wie Pollen im Moor als auch aus anderen alten Ablagerungen wie Eisschilden, Ozean- und Seesedimenten sowie Korallen die Klimageschichte der Erde zu rekonstruieren. So konnte zum Beispiel das globale Eisvolumen oder die Temperatur bei Niederschlagsbildung über Hunderttausende von Jahren fast lückenlos erschlossen werden. Insgesamt haben diese Messungen fünf direkt beobachtete Klimaänderungen ergeben:

1. Seit dem Jahre 1900 ist die mittlere globale oberflächennahe Lufttemperatur um ca. 0,8 °C angestiegen (siehe Seite 20), wobei der Anstieg derzeit besonders ausgeprägt ist.

2. Der mittlere globale Meeresspiegel ist seit 1900 um ca. 20 Zentimeter angestiegen (siehe auch Seite 20). Seit 1992 flächendeckend auch mit Satellitensensoren gemessen, erhöhte sich die mittlere Anstiegsrate bis 2006 auf 3,1 ± 0,5 Millimeter pro Jahr. Dieser Anstieg ist zu etwa gleichen Teilen Folge der Erwärmung des Ozeans, meist in den oberen Schichten, und durch schmelzende Gebirgsgletscher sowie Eisschilde verursacht.

3. Die insgesamt bei Erwärmung an der Oberfläche höheren Niederschläge sind umverteilt worden. So bekamen hohe nördliche Breiten überwiegend kräftigen Zuwachs (bis zu 30 Prozent), die inneren Tropen oft ebenfalls mehr, die semiariden Zonen jedoch meist weniger (Verluste von 30 Prozent sind nicht selten). Mit anderen Worten: In niederschlagsreichen Gegenden fiel oft noch mehr Regen, und bereits unter Dürre leidende Gebiete waren häufiger und intensiver von Wasserarmut betroffen. Da Trockenheit und Dürre ökonomische und soziale Probleme zuspitzen, verschärft der Klimawandel auch die Gegensätze zwischen armen und reichen Ländern.

4. Die Meereisbedeckung in der Arktis, seit 1978 flächendeckend mit Satelliten gemessen, schrumpfte bis 2006 um 3 Prozent pro Jahrzehnt für die Zeit maximaler Ausdehnung (März) und um 7 Prozent pro Jahrzehnt für die Zeit geringster Ausdehnung (September).

Wird 2007 mitberücksichtigt, in dem am 16. September nur noch 4,14 Millionen Quadratkilometer mit Meereis bedeckt waren, so beträgt der Rückgang über 8 Prozent pro Jahrzehnt.

5. Der weltweite Schwund der meisten Gebirgsgletscher hat beispielsweise in den Alpen seit 1850 zu weit mehr als 50 Prozent Masseverlust und Halbierung der Fläche geführt. Allein der Sommer 2003 nahm den Gletschern in der Schweiz mehr als 3 Meter Mächtigkeit. Da Gletscher verzögert reagieren, die Erwärmung höchstwahrscheinlich aber weiter voranschreiten wird, ist mit dem gänzlichen Verlust vieler kleinerer Gletscher und damit auch dem Verlust der sommerlichen Wasserversorgung zum Beispiel in Innerasien zu rechnen.

Die Zusammenfassung für Entscheidungsträger im UN-Klimareport 2007 (Arbeitsgruppe 1) bekräftigt zum einen die Unzweideutigkeit der Klimaerwärmung: „Warming of the climate system is unequivocal, as is now evident, from observations of increases in global average air and ocean temperatures, widespread melting of snow and ice, and rising global mean sea level."[1] Zum anderen hält der Bericht die sich klar abzeichnende Erwärmungstendenz *anthropogener* Klima verändernder Einflüsse seit Beginn der Industrialisierung fest: „The understanding of anthropogenic warming and cooling influences on climate has improved [...] leading to *very high confidence* that the globally averaged net effect of human activities since 1750 has been one of warming [...]."[2] Der wichtigste Faktor für die von Menschen verursachte Erwärmung ist die Zunahme des Kohlendioxidgehaltes der Atmosphäre von etwa 280 Millionstel Volumenanteilen um 1750 auf zurzeit 381, ein Wert, der seit 750.000 Jahren bei Weitem nicht erreicht worden ist. Während auch die Zunahme von Methan, bodennahem Ozon und Lachgas zur Erwärmung beigetragen haben, hat die erhöhte Lufttrübung die Erwärmung gedämpft. Die Sonne dagegen lieferte lediglich einen kleinen Beitrag zur Erwärmung, überwiegend nur in der ersten Hälfte des 20. Jahrhunderts. Seit 1978 hat ihre Strahlkraft nicht zugenommen. Sie zeigt etwa im Rhythmus von elf Jahren eine

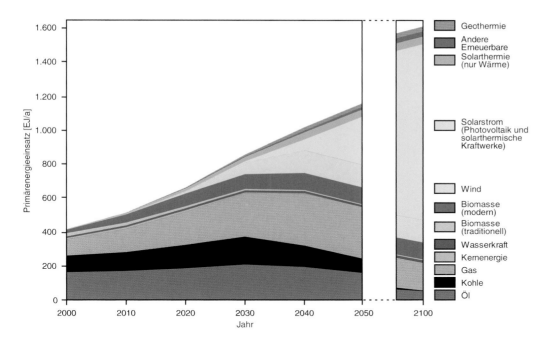

Primärenergieeinsatz [EJ/a]

Legend:
- Geothermie
- Andere Erneuerbare
- Solarthermie (nur Wärme)
- Solarstrom (Photovoltaik und solarthermische Kraftwerke)
- Wind
- Biomasse (modern)
- Biomasse (traditionell)
- Wasserkraft
- Kernenergie
- Gas
- Kohle
- Öl

Jahr

Energieeinsatz nach Energieträgern für den exemplarischen Transformationspfad. Dieser Pfad demonstriert, dass der nachhaltige Umbau der globalen Energiesysteme technologisch möglich ist. Ein anderer Technologiemix bei den erneuerbaren Energien könnte dies ebenfalls leisten. Energy use by energy source for the example transformation path. This path demonstrates that the sustainable transformation of global energy systems is technically possible. It could equally well be achieved by a different technology mix of renewable energies.

Switching to sustainable energy provision

As the energy supply for human consumption accounts for a global average of three quarters of all greenhouse gas emissions (when converted into their radiant force), climate politics are first and foremost energy politics. However, as sufficient energy is also the basic prerequisite for progress in the developing countries, a sharp increase in the global use of energy has to be met in the long term by means other than fossil fuels. This is a truly massive challenge for humanity, for this energy switch to sustainability involves adhering to directives that either arise from fundamental rights, or are necessary for adherence to other United Nations conventions, or are the direct result of the UN Framework Convention on Climate Change. Examples are the +2°C objective of the European Union (to stay below a 2°C rise in global warming compared to pre-industrial temperatures) and protected area status for 10% minimum, 20% optimum of land surface in order to comply with the Convention on Biological Diversity. In 2003, the German Advisory Council on Global Change (WBGU) set out these and other supplementary directives as boundary conditions for

economic models, in order to define the consequent transformation of humankind's energy system. The surprising outcome of this is that the energy switch is affordable and that energy provision in the long term will be based on utilisation of the sun's direct energy, as well as that of the wind (see Fig. on this page). The peace dividend of this strategy should not be forgotten: those regions that are now mainly poor economically but rich in sunshine have plenty of this fundamental natural energy resource. Slowing down the global climate change caused by man is a Herculean task that can only be achieved by internationally binding global action, that is, by domestic policy on a global level. Every country and every community must make a contribution. While individuals had to fight actively to change the political framework in the early stages of this task, the implementation phase of climate policy has now been reached. The Kyoto Protocol, the Europe-wide carbon trading agreement, and the recently revised Renewable Energy Law lay down the current framework in Germany. Only when it is financially advantageous, or at least not more expensive, will the individual citizen use appliances powered by renewable energy. So investment is already being made in solar-thermal units for roofs and a solar-thermal power station in southern Europe.

Notes

1 IPCC: *Climate Change 2007: Impacts, Adaptation and Vulnerability. Contribution of Working Group II to the Fourth Assessment Report of the Intergovernmental Panel on Climate Change.* Cambridge (UK)/New York 2007.

2 IPCC: *Climate Change 2007: The Physical Science Basis. Contribution of Working Group I to the Fourth Assessment Report of the Intergovernmental Panel on Climate Change.* Cambridge (UK)/New York 2007.

3 IPCC 2001: *Special Report on Emissions Scenarios. Working Group III. Summary for Policymakers.* Cambridge (UK)/New York 2000.

4 Wissenschaftlicher Beirat der Bundesregierung Globale Umweltveränderungen (WBGU): *Welt im Wandel – Sicherheitsrisiko Klimawandel.* Berlin/Heidelberg 2007.

PETER DROEGE

Erneuerbare Stadt: Die Energierevolution als wesentliches Paradigma der Stadtentwicklung

Globalisierte Städte

Vielen erscheint die Weltwirtschaft als eine städtische Ökonomie: Ökonomische Abläufe finden scheinbar in Städten und urbanen Netzwerken statt. Die populäre Stadtliteratur stellt Städte als die zentralen Punkte für globale und lokale ökonomische Transaktionen dar. Und zwar mit Recht: Städte bilden das zentrale Terrain für soziale Kontrolle, den politischen Diskurs und kulturellen Austausch. Sie sind auch die Bühne für Ungerechtigkeit und Gewalt – aber auch für das Spiel von menschlicher Verheißung und Erlösung sowie sozialer Handlungskompetenzen. Da Industriegesellschaften von Städten aus regiert werden, beherrschen städtische Bilder und Gebräuche das globale Mediengeschehen hinter der vorherrschenden sozialen Realität. Hier werden die dominierenden Vorstellungen und Ideale verpackt und Sehnsüchte artikuliert, während ländliche Lebensbedingungen und ländliches Gemeinwesen eher an den romantisierten Rand der Gesellschaft verbannt werden, anstatt sie als essenzielle Alternative zum Leben in den „Maschinenstädten" zu zelebrieren. Und im Laufe der Geschichte haben Städte das politische Leben ihrer jeweiligen Epochen geprägt – oder zumindest ist die Geschichte der Stadt als einzige überliefert und in den Reliquien, Schriften und Gebäuden ihrer Herrscher archiviert worden. Trotz ihrer Abhängigkeit von Versorgungsströmen jenseits der Städte stellen sich alle weltweit vorherrschenden politischen Systeme in ihrem gemeinschaftlichen Raum und ihren öffentlichen Institutionen als Stadtgesellschaften dar. Dabei formen wiederum diese sie – ganz im Sinne von Churchills berühmtem Einzeiler: „Wir formen unsere Gebäude, und dann formen unsere Gebäude uns."

Weniger verbreitet ist die grundlegende Tatsache, dass die Städte – ihre Form, Ökonomie und Wachstumsdynamik – stets durch das in ihrer Epoche vorherrschende Energiesystem geprägt wurden. In der Art und Weise auf die sich beide zueinander verhalten, liegt das große Risiko für unsere Zeit – für jede beliebige Stadt, Nation oder für das globale Gleichgewicht der Kräfte. Während diese Tatsache für die gesamte historische Stadtentwicklung gilt, sind die hohe Geschwindigkeit, das Ausmaß der gegenwärtigen Entwicklungswelle und die Bildung von Megastädten als gleichzeitiges und weltweites Phänomen ohne Beispiel. Die Explosion des Anteils der Städter an der Weltbevölkerung in der ersten Hälfte des 20. Jahrhunderts wurde bereits durch die frühere Expansion einiger Weltstädte wie London vorweggenommen und begann sich ab den Fünfzigerjahren stark zu beschleunigen, wobei viele großstädtische Gebiete scheinbar sprunghaft anwuchsen.

Das höchste Bevölkerungswachstum findet in urbanisierten Gebieten statt, die Hälfte der Weltbevölkerung wohnt dort. Große dynamische Kräfte sind am Werk, die die Vorrangstellung der Städte untermauern. Diese Entwicklung schließt das Anwachsen des Welthandels und die begleitenden Strukturveränderungen in vielen Agrarstaaten ein. Ein Großteil dieses neuen Wachstums findet in den Elendsvierteln statt, die sich um die Großstädte der Dritten Welt herum ausbreiten und durch die schlecht

Die Metropolis des Dr. Faustus: Die moderne Großstadt ist als Produkt der späten industriellen Revolution auf den tönernen Fundamenten nicht-erneuerbarer, also veralteter Energiesysteme errichtet. Wie kann sie der wachsenden Klima- und Energiekrise entgegenwirken, solange ihre Wirklichkeit durch eine überwältigend starke Abhängigkeit von Energien bestimmt ist, die auf Verbrennung basieren und die für die größten existenziellen Gefahren verantwortlich sind? Wie kann sie ohne fossile oder atomare Energiequellen existieren? Faust's metropolis: as the product of the late Industrial Revolution, the modern city is built on the clay foundations of non-renewable, i.e. obsolescent, energy systems. How can it react to the growing climate and energy crisis when its reality is defined by an overwhelming dependence on energies which are combustion-based and responsible for the greatest threats to our existence? How can it exist without fossil fuels or atomic energy sources?

PETER DROEGE

Renewable City: The Energy Revolution as Essential Urban Development Paradigm

konzipierten Strukturprogramme der Weltbank und des Internationalen Währungsfonds in den Achtzigerjahren befördert wurden (Davis 2007). Doch neben all diesen einzelnen Mechanismen gibt es keine andere so allgemein bestimmende Kraft des städtischen Wachstums wie die fossile Brennstoffwirtschaft und das ihr zugrunde liegende Netzwerk von Produktion, Verteilung und Verbrauch (Scheer 1999).

Die Abhängigkeit von fossilen Brennstoffen braucht einen gesunden Dämpfer

Die geradezu pathologische Abhängigkeit von Öl und scheinbar billiger Kohlekraft beförderte die Städte und transformierte dabei Regionen, spann globale Versorgungsnetze und trennte die Städte vom landwirtschaftlichen Hinterland ab. Die globale Herausbildung von Städten ist also auf den ersten Blick ein Phänomen fossiler Brennstoffe. Diese sehr wesentliche Tatsache fand aber weder in der Literatur über Städte noch über Energie irgendeine Erwähnung. Es ist aber auch klar erkennbar, dass die Hauptrisiken für die globale Sicherheit, den globalen Markt und den Wohlstand im 21. Jahrhundert nicht vom städtischen Wachstum und städtischer Vorrangstellung direkt ausgehen. Das Überleben der Städte gefährdet der Motor ihrer Entwicklung selbst: die allumfassende Abhängigkeit von fossilen Brennstoffen.

Während die fossile Energierevolution den Industrienationen ein nie da gewesenes Maß

Mehr als eine Million Menschen leben in Dharavi im Zentrum von Mumbai (Bombay). Es ist Asiens zweitgrößter Slum. Die Weltbevölkerung lebt zunehmend in Städten. Aber der gegenwärtige Zuwachs der Megastädte unserer Welt findet zu großen Teilen in ihren riesigen Slums statt, was durch die fossil-energetischen Abhängigkeiten und entsprechende wirtschaftlich-politische Strukturveränderungen seit den 1980er Jahren stark forciert wurde. More than 1 million people live in Dharavi in the centre of Mumbai (Bombay). It is the second largest slum in Asia. The world's population lives increasingly in cities. But the current growth in mega-cities in today's world, which is taking place to a great extent in its huge slums, has been accelerated since the 1980s by dependencies on fossil fuels and associated economic and political structural changes.

Globalised cities

To many, the world economy seems urban: economic flows appear to occur in cities and city networks. Popular urban literature portrays cities as the central nodes of global and local economic transactions. And rightfully so: cities are central settings for social control, political discourse, and cultural exchange. They are also the stage sets for injustice and violence – and yet for dramas of human promise and salvation, and of social empowerment. Because industrial societies are ruled from cities, urban images and folklore dominate the global media narratives behind dominant social reality. Here leading images and ideals are packaged and aspirations articulated – while rural conditions and community life are relegated to a romanticised fringe rather than celebrated as an essential alternative to life in machine cities. Throughout history, cities came to dominate the political life of their respective eras – or at least it is the urban history that survived to be told, archived in the relics, scriptures, and edifices of their rulers. Despite their dependence on non-urban resource flows, all globally dominant political systems have been represented as urban societies in their collective spaces and public institutions – shaping these in turn, reminiscent of Churchill's famed one-liner, *"We shape our buildings, and afterwards our buildings shape us."* Less understood is the fundamental fact that cities, their form, economies, and growth dynamics were always defined by the energy system dominating their era. The manner in which both interact defines the risk of our age, any given city, nation, or that of the global balance of relations. While this has been true throughout urban evolution, as the sheer speed and magnitude of the present development wave and the formation of mega-sized cities as a simultaneous and worldwide phenomenon are unprecedented. The explosion of the world population's urban share in the first half of the twentieth century was anticipated in the earlier expansion of a number of globalised cities such as London – and began to greatly accelerate from the 1950s on – with many metropolitan regions expanding seemingly exponentially.

Most population growth occurs in urbanised areas, with half of the world's population dwelling here. Powerful dynamics are at work, boosting the primacy of cities, including expansion in global trade and the concomitant structural changes in many agrarian states. Much of this new growth are the slums sprawling around the metropolitan centres of developing countries boosted by the ill-conceived structural adjustment programs by the World Bank and the International Monetary Fund in the 1980s (Davis 2007). But when looking beyond proximate forces, there is no other common denominator of urban growth than the fossil fuel economy, and the global network of production, distribution, and consumption underpinning it (Scheer 1999).

Fossil-fuel dependency needs a healthy shock

Pathological oil dependency and seemingly cheap coal power boosted cities, transforming regions, weaving global supply lines, and severing cities from agrarian hinterlands. The *prima facie case* suggests that global city formation is a fossil-fuel phenomenon. While this characteristic has remained virtually unsung in either urban or energy literature, it is evident that the major risks to global security, markets, and prosperity faced in the twenty-first century stem not from urban growth and primacy, but the risk to their survival brought on by the very driver of this expansion: pervasive fossil fuel dependency.

While the fossil-fuel revolution has provided an unprecedented level of prosperity across industrialised states, the geographically limited nature of fossil fuel and uranium sources now poses a major threat to both the viability of markets and global security: the classical Faust syndrome. Forty large oil fields supply almost two-thirds of the global oil consumption, with three-quarters of these in risky, contested or war-torn regions. Over three-quarters of the world's proven oil reserves are in the hands of national oil companies, capable of being used as foreign policy tools or weapons – and the remainder in the hands of large power

an Wohlstand eingebracht hat, stellt die geografisch bedingte Begrenztheit der fossilen Rohstoff- und Uranvorräte nun eine wesentliche Bedrohung für den Fortbestand der Märkte und die globale Sicherheit dar: das klassische *Faust-Syndrom*. Vierzig große Ölfelder liefern fast zwei Drittel des weltweiten Ölbedarfs, wobei drei Viertel von ihnen in risikoreichen, umkämpften und kriegsgebeutelten Regionen liegen. Über drei Viertel der nachgewiesenen Weltölreserven sind in der Hand von nationalen Ölfirmen, so dass sie als Werkzeuge oder Waffen in der Außenpolitik verwendet werden können. Der Rest befindet sich in der Hand von großen Energiekonglomeraten und transnationalen Ölmultis.

Das vorherrschende System erfährt gerade einen großen und gefährlichen, aber auch potenziell gesunden Dämpfer: Regionale Bestrebungen zur Neuentwicklung erneuerbarer Energiequellen mit dem Ziel, in den nächsten zwei Jahrzehnten vorrangig „grünen" Strom zur Verfügung zu stellen, werden bald zu einer absoluten Priorität der Städte werden. Bis zur Mitte dieses Jahrhunderts könnten wir ein völlig emissions- und nuklearenergiefreies Energiesystem haben: ein geradezu vollständiges Zugreifen auf die im Überfluss vorhandenen Ressourcen der Welt an Sonnen-, Wind-, Wasser-, Meereswellen- und Bioenergie sowie geothermischer Energie. Dies erfordert die Einrichtung von intelligenten Netzen mit sowohl realen als auch virtuellen Speichereinheiten; von dezentralen sowohl freistehenden als auch netzgebundenen Energieerzeugungssystemen; von intelligenten elektrischen Transportmitteln, die als mobile Speicher dienen; sowie von starken nationalen, marktwirtschaftlichen Rahmenbedingungen, welche die weltweiten Kapazitäten der urbanen Nutzung erneuerbarer Energie von ihren gegenwärtigen Zwängen befreien. Diese Zukunft bedarf keines Emissionshandels: Einspeisungstarife, Regelungen des öffentlichen und privaten Sektors und der Finanzierung sowie ein stetes Senken und Zurückfahren von Subventionen für fossile Brennstoffe werden nicht nur den Anforderungen genügen, sondern sogar effektiver sein: schneller, fairer und günstiger.

Trotz des allgemein vorherrschenden Zwangs, wie bisher weiterzumachen, liegt die Zukunft im Bau von klimagerechten, energiepolitisch unanfälligen Städten – eine Zukunft, zu der eine wachsende Anzahl von hoffnungsvollen Vorreitern bereits aufgebrochen ist. Eine regenerative Zukunft der Stadt ist nicht nur ökonomisch und sozial möglich – sie ist die unausweichliche Konsequenz jeder sorgfältigen Analyse der Verhältnisse. Der gegenwärtige, relativ stabile Zustand der bestimmenden Elemente der Weltwirtschaft könnte sehr wohl die letzte Gelegenheit sein, den städtischen und regionalen Ökonomien den rechten Weg aus ihrer dunklen, kohlebefeuerten Vergangenheit des 19. Jahrhunderts in die Zukunft zu weisen. Dieser letzte Atemzug fossil befeuerter ökonomischer Vitalität, die nun den Scheitelpunkt ihrer überzogenen Flugbahn erreicht, sollte für eine weiche Landung genutzt werden, indem der Mehrwert des gegenwärtigen Booms dazu verwendet wird, der Wirtschaft einen nachhaltigen und wirklich überlebensfähigen Rahmen

Das 19. Jahrhundert haben wir noch im Blut und es sitzt uns im Nacken. Das tragische Heldentum der Kohleförderung seit der industriellen Revolution ist den Arbeitergesichtern und den Siedlungen der Bergbaugebiete von Wales 1950 eingebrannt. Noch heute opfern hunderttausende von Menschen von Appalachia in den USA bis China ihre Gesundheit und allzu oft ihr Leben dieser Energieform. Die daraus gewonnenen Profite kommen nur Wenigen zu Gute. Wie 1800 befeuert Kohle noch heute die Fortschrittsträume einer wachsenden Welt. We still have the 19th century in our veins and breathing down our necks. The tragic heroism of coal production since the Industrial Revolution is burned into the workers' faces and the Welsh mining villages of 1950. Even today, hundreds of thousands of people from the Appalachians in the US to China are sacrificing their health, and all too often their lives, to this energy form. The ensuing profits benefit only the few. As it did in 1800, coal is still fuelling the dreams of progress of an expanding world.

Brandherd fossile Energieabhängigkeit: die Zerstörung von iranischen Erdölfeldern 1980 in Abadan durch irakische Truppen. Die Öl- und Erdgasgebiete, deren Installationen und Transportstrukturen stellen große und energietechnologisch unnötige Risiken dar: vom Kaukasus bis zum Nahen Osten, vom Kaspischen Meer bis in den Sudan. Nicht nur die moderne Industriewirtschaft, ihre Städte und deren Bevölkerungen sind in Gefahr, sondern auch kleinere Siedlungen und ländliche Bevölkerungsgruppen. Sie sind zunehmend den massiven Risiken und militärischen Konsequenzen ausgesetzt, die aus der weltweiten Abhängigkeit von fossilen Brennstoffen resultiert. Dabei ist wenigen klar, dass diese Konsequenzen ihren Ursprung im scheinbar friedlichen Konsumverhalten der verstädterten Welt haben.   The flashpoint for fossil-based energy dependency: the destruction of Iranian oilfields by Iraqi troops in Abadan in 1980. The oil and natural gas regions, with installations and transport structures that represent substantial unnecessary risks, in terms of energy technology: from the Caucasus to the Middle East, from the Caspian Sea down to the Sudan. It is not only the modern cities and populations of the industrial economy that are in danger, but also smaller settlements and rural population groups. They are increasingly exposed to the massive risks and military consequences resulting from the global dependency on fossil fuels. In saying that, not many people realise that these consequences originate from the apparently peaceful consumer behaviour of the urbanised world.

conglomerates and petroleum supply chain transnationals.

A great and dangerous, yet potentially also healthy shock to the system is unfolding: renewable energy based regional redevelopment efforts aimed at predominantly renewable power within the next two decades will soon be a first-order priority for cities. There is the potential for an entirely carbon-free, non-nuclear commercial power system in place by mid-century: a virtually complete reliance on the world's abundant resources in sun, wind, hydro, wave, bio-energy, and geothermal power. It requires the construction of intelligent grids featuring both real and virtual storage; distributed generation systems both grid-connected and stand-alone; electric intelligent transport serving as mobile storage; and bold national market frameworks liberating global urban renewable energy development capacity from its present constraints. This future does not need a carbon trade regime: feed-in tariffs, public-private policy and finance mechanisms, along

with a firm lowering and phasing out of fossil fuel subsidies will not only suffice but be more effective: faster, fairer, and less costly.
Despite the mainstream addiction to business as usual, the future as embarked on by a growing number of hopeful pioneers consists of building climate-stabilising, energy-crisis proof cities. A renewable urban future is not only possible economically and socially – it is the unavoidable outcome of any careful analysis of conditions. The present, relatively stable state of the dominant elements of the global economy may well be a last opportunity to lift urban and regional economies from their dark and coal-fired, nineteenth century roots onto an advanced footing. This great gasp of fossil fuel-boosted economic vitality, now nearing the apex of its global overshoot trajectory, should be used for a soft landing, applying the surplus of the current boom to converting the economy into a sustainable and indeed survivable economic framework and a low-cost, highly advanced infrastructure.
Current trends projected forward would result in a doubling of annual greenhouse gas emissions by 2030. This unnerving spectre becomes alarming given that atmospheric carbon dioxide concentrations *already* exceed sustainable levels (Hansen et al. 2008). At 385 ppm, concentrations need to be lowered to 320-350 ppm to avoid point-of-no-return, spinning into a runaway climate chaos, capable of ending the Holocene, and human life as evolved since 10,000 B.C. Hansen's work is confirmed by common sense: levels of 450 ppm, or even 550, mentioned today in numerous agreements or policy and target platforms are based on the illusion that a two degree rise in global temperatures is safe, ignoring that this carries an even risk of overshooting that extent of warming. But even if temperatures could be safely held to a rise of two degrees this would push us beyond a tipping point, seeing the unforeseen, catastrophic decline in Arctic summer sea ice cover. The doomsday machine of Gaian greenhouse feedback mechanisms may well have been thrown into gear. Can it be throttled – other than by a merciful but fatal collapse of the

und eine günstige, hoch entwickelte Infrastruktur zu geben.

Wenn man die gegenwärtigen Trends auf die Zukunft projiziert, so würde dies eine Verdoppelung der jährlichen Treibhausgasemissionen bis 2030 bedeuten. Dieses Horrorszenario lässt die Alarmglocken läuten, wenn man bedenkt, dass die atmosphärischen CO_2-Konzentrationen bereits jetzt nachhaltige Werte überschreiten (Hansen u. a. 2008). Bei gegenwärtig 385 parts per million müssen die Konzentrationen auf 320–350 ppm gesenkt werden, um eine unumkehrbare Entwicklung zu vermeiden und nicht in ein haltloses Klimachaos zu geraten, das in der Lage ist, das Holozän und das menschliche Leben, wie es sich seit 10.000 v. Chr. entwickelt hat, zu beenden. Hansens Arbeit wird vom gesunden Menschenverstand bestätigt: Werte von 450 ppm, oder gar 550, die heute in zahlreichen Verträgen und politischen Absichtserklärungen erwähnt werden, basieren auf der Illusion, dass eine Erderwärmung von 2 °C sicher wäre – wobei übersehen wird, dass dies ein stetiges Risiko des Überschreitens dieses Wertes birgt. Aber selbst wenn der Temperaturanstieg mit Sicherheit bei 2 °C gehalten werden könnte, würde dies die Lage zum Kippen bringen, wenn man sich die unvorhergesehene, katastrophale Abnahme der arktischen Eisdecke im Sommer ansieht. Die Vernichtungsmaschine der Rückkoppelungsmechanismen der Gaia-Hypothese[1] könnte sehr wohl schon in Gang gesetzt worden sein. Kann sie noch gedrosselt werden – anders als durch den gnädigen, aber tödlichen Zusammenbruch der großen thermohalinen Zirkulation, auch bekannt als Golfstrom, was für unsere CO_2-ausstoßende Zivilisation das Ende bedeuten würde?

Während dieser Horror täglich mehr Gestalt annimmt, steht der Zenit der Förderung fossiler Rohstoffressourcen bevor (Campbell 2005), oder – so zeigen kürzliche Forschungs- und Marktanalysen – er ist bereits überschritten. Der Energy Watch Group zufolge ist der Gipfel bereits 2006 erreicht worden. Von diesem Punkt sei pro Jahr ein dreiprozentiger Abfall der Produktion zu erwarten, gleichzeitig steigt die Nachfrage weiterhin steil an (Energy Watch Group 2007, IEA 2007). Unvorbereitete Stadtbewohner, die nicht mit funktionsbereiten regenerativen Energiequellen gewappnet sind, werden sich auf scheinbar paradoxe Weise mit dem lähmenden Ende des fossilen Zeitalters konfrontiert sehen und dabei zugleich dem Spuk des galoppierenden Klimawandels gegenüber stehen. Solange wir uns den Fakten entziehen, steigt die Gefahr des Zusammenbruchs stündlich, während Expeditionen zu den allerletzten Ressourcen der Erde als letzter ernsthafter Ausweg in Angriff genommen werden: Kanadischer Ölsand, sibirisches Gas und Öl und – als letzte Tragikomödie – das Rennen zur schmelzenden Arktis mit einem Strom von Supertankern in der Nordwestpassage.

Aber in zunehmendem Maße versuchen sich Menschen von diesen düsteren Konsequenzen ihres eigenen Handelns zu distanzieren. Aktivismus im eigenen städtischen Umfeld scheint die noch existierenden Hoffnungen zu bestärken, denn hier werden die zunehmenden Befürchtungen am stärksten empfunden. Während viele nationale und internationale Institutionen das Problem immer noch verdrängen oder durch Trägheit beziehungsweise Einzelinteressen gelähmt werden, sind Großstädte und Gemeinden eher bereit, die tiefe Sorge zu bekunden, die von vielen Bürgerinitiativen und den von Städten unterstützten Programmen und Aktionsbündnissen geteilt wird.

Städtische Autonomie mit Hilfe erneuerbarer Energie

Seit Langem versuchen in Österreich einige Dörfer und Städte in verstärktem Maße, sich mit Hilfe regenerativer Quellen energiepolitisch unabhängig zu machen: Solarteiche und durch Biogas versorgte Regionen haben eine starke Tradition in den ländlichen Gebieten des Landes. Überall in der energiebewussten Schweiz gibt es seit Längerem stadtweite Initiativen zur Erhöhung der Energieeffizienz, die auf hohem Niveau und mit Erfolg durchgeführt werden. Davos, Sitz des Weltwirtschaftsforums und internationaler Luxusskiort, tat sich früh als eine der Städte hervor, die ihre CO_2-Bilanz reduzie-

Deichbruch in Bellegarde an der Rhone (Südfrankreich) im Dezember 2003. Nicht nur die Küstenstädte der Welt hoffen, auf Hochwasser, Sturmfluten, Küstenerosion und Meeresspiegelanstieg vorbereitet zu sein. Extreme Wetterereignisse sind mit wachsender Wahrscheinlichkeit überall zu erwarten. Anpassungsmaßnahmen im Rahmen des sogenannten passiven Klimaschutzes sind dringend zu planen. Aber ohne intensive Investitionen in den aktiven Klimaschutz, also den weitgehenden Verzicht auf fossile Brennstoffe, ist auch der passive Klimaschutz auf lange Sicht zum Scheitern verurteilt. Außerdem ist es wichtig, dass sich zwischen Klimaanpassungsmaßnahmen auf der einen Seite und der Reduktion, besser der kompletten Vermeidung von Treibhausgasen bei der Energieerzeugung, der Waldzerstörung, unökologischen landwirtschaftlichen Praktiken und einem übertriebenen Konsum auf der anderen keine Widersprüche auftun.
Dike breach in Bellegarde on the Rhône, (South of France) in December 2003. Not just the world's coastal towns hope to be ready for high water, storm floods, coastal erosion and rising sea levels. Extreme weather events can increasingly be expected anywhere. Adaptation strategies, within the context of so-called passive climate protection, are urgently needed. But without substantial investment in active climate protection, which means extensive rejection of fossil fuels, passive climate protection is doomed to failure in the long term. It is also important that there should be no contradictions between climate adaptation strategies on the one hand and the reduction or better still total prevention, of greenhouse gases in energy production, deforestation, non-ecological agricultural practices, and overblown consumption on the other.

In der Falle der Illusion: Unser Wohlstand, definiert und ermöglicht im Überkonsum von fossilen Energien und übertriebenem Individualverkehr mit Verbrennungsmotoren, hat die Industriegesellschaft in eine Sackgasse getrieben. Nur durch eine Revolution in der Stadtplanung, dem Transport und den Primärenergiestrukturen kann ein Zusammenbruch vermieden werden.   Caught up in an illusion: our prosperity, defined and enabled by the over-consumption of fossil-based energies and excessive use of combustion engines for private transport, has driven industrialised society into a cul-de-sac. A complete collapse can only be prevented by a revolution in urban planning, transport and primary energy structures.

great thermo-haline conveyor, also known as the Gulf Stream, bringing our carbon-belching civilisation to a halt?

And while this spectre rises daily, the global peak in fossil fuel production capacity is impending (Campbell 2005), or, according to recent research and market evidence, has already passed. The Energy Watch Group argues that the peak was scaled in 2006, with a 3% global annual production capacity decline to be expected from here on – while demand continues to rise precipitously (Energy Watch Group 2007, IEA 2007). Unprepared urban dwellers, unarmed with operational renewable power sources, will be in the seemingly paradoxical

position of facing the debilitating dusk of the fossil fuel era while at the same staring at the spectre of runaway climate change. As long as this curtain of denial continues to obscure the facts, the danger of a collapse mounts by the hour, while excursions into the earth's last resources are mounted as the only serious response: Albertan tar sands, Siberian gas and oil, and in the latest tragicomedy, the race to a melting Arctic, with supertankers soon to ply the Northwest Passage.

But search for distance from these dark effects of one's own practice is growing. Action at local, urban levels appears to reinforce the hope that still exists: this is where rising anxieties are felt

ren wollen. Mithilfe des erfolgreichen deutschen Gesetzes für den Vorrang erneuerbarer Energien und des Energieeinspeisungsgesetzes sowie durch die Anwendung von Solartechnologie über die bloße Gebäudeintegration hinaus, haben einige Kleinstädte in Bayern kürzlich Genossenschaften gegründet, die einige der weltweit größten Solarfarmen beinhalten. Die landwirtschaftliche Gemeinde Jühnde, ebenfalls in Deutschland, ist als von fossiler Energie unabhängige Stadt bekannt geworden, die sich selbst mit lokal gewonnenem und hergestelltem Biogas für stationären und mobilen Gebrauch versorgt. In Dänemark sind Gemeinden auf den Inseln und dem Festland von Samsø bis Thisted zu Wirtschaftsmodellen übergegangen, die völlig ohne fossile Brennstoffe auskommen. In Sacramento, Kalifornien, haben altgediente Führungspersönlichkeiten staatliche und private Energieversorger in städtischen Besitz überführt, um selbst über ihre Geschicke zu bestimmen. Hier führten in den Achtzigerjahren auch Bemühungen der Gemeinde durch Investition in Blockheizkraftwerke, Biogas, Fotovoltaik und Windkraft zur Schließung eines Kernkraftwerkes und zur Erlangung der Hoheit der Verbraucher über den städtischen Versorgungsbezirk – damit geriet der sechstgrößte Energieversorger der USA in Verbraucherhand. Einige amerikanische Lokalregierungen von Kalifornien bis Massachusetts haben eine Reihe von Initiativen zur Energieeffizienz und Förderung regenerativer Energien entwickelt. Mitte des Jahres 2007 wurde die Delaware Sustainable Energy Utility als nachhaltiger Energieversorger gegründet. Die öffentliche Gesellschaft basiert auf Anleihen und steuert lokale Innovationsbemühungen in den Bereichen Energieeffizienz und regenerativer Energieerzeugung.
Staatliche und lokale Energieversorger sowie dezentrale Energiegesellschaften werden rund um die Welt in Rekordtempo eingeführt. In Dänemark, das eines der besten Modelle genossenschaftlichen Eigentums besitzt, hat die Stadt Kopenhagen dabei geholfen, Middelgrunden ins Leben zu rufen: eine Offshorewindfarm, die das Eigentum von Tausenden Genossenschaftern ist, die in ihre erfolgreiche Planung, den

Entwurf und die Umsetzung involviert waren. Auch auf dem Gebiet des öffentlichen Rechts vollziehen sich auf regionaler und lokaler Ebene dramatische Umwälzungen. Die Stadt Barcelona hat in den Neunzigerjahren die Solarverordnung verfügt, die besagt, dass alle neuen und umgebauten Wohnungen und Eigenheime 60 Prozent ihres Warmwassers (und einige weitere Energieanteile) aus Sonnenenergie beziehen. Das Modell, das ursprünglich für die Stadt Berlin entwickelt wurde, war so erfolgreich, dass es zuerst von Dutzenden Städten in ganz Spanien eingeführt wurde und nun ein weitverbreitetes System ist. Berlin will jetzt nachziehen und hat 2008 den Solaratlas *Ecofys* mit all seinen Bezirken und Quartieren herausgegeben.
Überall in der Dritten Welt gibt es nach und nach, in steigendem Maße Versuche, sowohl Städte als auch informelle Armensiedlungen mit erneuerbaren Energiequellen auszustatten. Dies geschieht mit Unterstützung von bilateralen Hilfsprogrammen oder multilateralen Initiativen, von gemeinnützigen und quasi nichtstaatlichen Netzwerken wie der Global Village Energy Partnership (GVEP), der Renewable Energy and Efficiency Partnership (REEP), der Entwicklungs- und Umweltprogramme der Vereinten Nationen und sogar der Weltbank. Aber die vielversprechendsten Maßnahmen sind doch die, welche auf lokaler und regionaler Ebene erdacht und umgesetzt werden – wenn sie auch immer noch, wie die internationalen Programme, recht dünn gesät und sporadisch sind. Der ländliche Sektor, dem vergangene Elektrifizierungsprogramme löblicherweise versagt blieben, profitiert im Vergleich mit den städtischen Gemeinden etwas mehr von den Errungenschaften im Bereich der erneuerbaren Energien. Bangladesch ist Sitz der weltgrößten Bank zur Vergabe von Kleinstkrediten (*micro-lending*), der Grameen Bank, dessen Gründer Muhamad Yunis kürzlich den Friedensnobelpreis erhielt. Grameen Shakti ist ihr Ableger im Bereich Finanzierung und Erzeugung von Solarenergie, der Zehntausende von Landbewohnern in Dutzenden von Dritte-Welt-Ländern mit Strom versorgt.
Der gegenwärtige Übergang bringt ein schnell wachsendes, gemischtes Feld von Erhebungen

Das Beddington Zero-Emissions-Development-Projekt (BedZED) in England zeigt die Erlösung der Hausarchitektur von fossilen Zwängen und Plattitüden der Energieeffizienz. Und es geht weiter als die meisten seiner „nachhaltigen" Konkurrenten. Das BedZED demonstriert das Eliminieren von unnötigem Konsum in Form spekulativer Bauvorhaben, die Reduktion des Verbrauchs fossiler Energien für alle Baustoffe und Konstruktionsmethoden und es will durch Nutzungsmischung und kooperative Gemeinschaftsformen einen hundertprozentig nachhaltigen Lebensstil auf der Basis erneuerbarer Energien ermöglichen.

The Beddington Zero Emission Development Project (BedZED) in England shows house architecture being freed from fossil fuel constraints and lip-service to energy efficiency. It also goes further than most of its "sustainable" competitors. BedZED demonstrates how to eliminate unnecessary consumption, in the form of speculative building projects, and how to reduce fossil energy consumption in terms of all building materials and construction methods; its aim is to facilitate a totally sustainable lifestyle based on renewable energies through mixed use and cooperative community models.

most uncomfortably. While many national and international institutions are either still oblivious to the problem or paralysed by inertia and special interests, cities and towns more readily express the profound local concern felt across a multitude of community-based and municipally supported commitments and programs.

Urban renewable energy autonomy

In Austria, a number of villages and towns have long pursued increasing forms of urban renewable energy autonomy: solar hamlets and bio-fuelled regions have a well-established tradition in the country's rural regions. Across energy-conscious Switzerland, citywide efficiency drives have long been pursued with both sophistication and success. Davos, host of the World Economic Forum and international luxury ski destination, ranked early among the more visible of urban communities aspiring to reduce their carbon footprints. Supported by Germany's spectacularly successful feed-in legislation, and going beyond important building integra-

tion, clusters of small towns in Bavaria have recently formed cooperative ventures to host some of the world's largest photovoltaic farms. Also in Germany, the farming town of Jühnde has become famous for becoming fossil-energy independent - powered through locally sourced and produced bio-fuel for both stationary and transport use. In Denmark, island communities and mainland regions from Samsø to Thisted have moved to economic models that work entirely without fossil fuels.

Already more than twenty years ago, leaders in Sacramento, California, had acquired state or private energy suppliers to control their own destinies. Here, community efforts in the 1980s led to the shutting down of a nuclear power plant and the gaining of consumer control over the countywide Municipal Utility District, the sixth largest customer-owned electric utility in the United States. Since then the organization has been investing in cogeneration, natural gas, solar PV, and wind power production. Today, most state governments in the United States from California to Massachusetts have developed a range of efficient and renewable energy initiatives. For example, in mid-2007, the Delaware Sustainable Energy Utility was established as a bond-issue supported public policy institution driving local innovation in efficiency and renewable generation.

State and local utilities and distributed energy service companies are being established at a record rate around the world. In Denmark, home to one of the best cooperative ownership models, the city of Copenhagen has helped engender Middelgrunden, an offshore wind farm owned by thousands of shareholders involved in its successful planning, design, and building. And in the regional and local regulatory sense, dramatic innovations are also taking place. The City of Barcelona introduced a Solar Ordinance in the 1990s, requiring that all new and refurbished apartments and homes derive 60% of their hot water, and some other energy use, from solar sources. The model, originally developed for the city of Berlin, proved so successful that was adopted first by dozens of cities across Spain and is now a broadly applied

und praktischen Versuchen hervor. Geprägt von der Dynamik der globalen städtischen Wandlungen im Energiesektor, nimmt es im Zuge eines losen öffentlichen Diskurses, einer sich herauskristallisierenden politischen Linie, durch technologische Innovationen in verwandten Bereichen sowie aufgrund von soziologischer Forschung und kritischem Journalismus Gestalt an. Viele verschiedene Disziplinen sind dabei miteinander verbunden – wie zum Beispiel Wirtschaft, Gemeindeentwicklung, Architektur und Städtebau, Verkehrsplanung, Energiepolitik, erneuerbare und effizientere Energietechnologien – und die Energieinfrastruktur selbst wird dabei zur treibenden Kraft einer neuen, hoffnungsvollen Revolution, die noch von persönlichen Interessen, Eigennutz und Trägheit gehemmt wird. Doch die Umwandlung der energetischen Grundlage der Städte selbst bildet die Grundlage einer steigenden Anzahl von Forschungs-, Praxis- und Politikfeldern für Verkehr, Gebäude, Beschäftigung, kulturelle Entwicklung, ökonomischen Fortschritt und lokalen Wohlstand – und stellt einen Gegenpol zu den Auswirkungen des Klimawandels dar.

Anmerkung

1 Die Gaia-Hypothese wurde von der Mikrobiologin Lynn Margulis und dem Chemiker, Biophysiker und Mediziner James Lovelock Mitte der 1960er Jahre entwickelt. Sie besagt, dass die Erde, insbesondere die Erdoberfläche einschließlich der gesamten Biosphäre als ein lebender Organismus betrachtet werden kann.

Literaturhinweise

Campbell, Colin J.: „Revision of the Depletion Model". In: *The Association for the Study of Peak Oil and Gas (ASPO)*. Article 624, Newsletter No 58, 2005

Davis, M.: *Planet of Slums*. Verso 2007

Droege, Peter: *The Renewable City - comprehensive guide to an urban revolution*. John Wiley and Sons, London 2006 (http://www.renewablecity.org)

Droege, Peter: *Urban Energy Transition – from fossil fuel to renewable power*. Elsevier 2008

Hansen, James et al.: *Target CO$_2$ Emissions: Where Should Humanity Aim?* NASA / Goddard Institute for Space Studies, New York 2008

Heinberg, Richard: *The Party's Over: Oil, War and the Fate of Industrial Societies*. New Society Publishers, Gabriol Island (Canada) 2003

International Energy Agency (Hg.): *World Energy Outlook*. Paris 2007

Senat von Berlin (Hg.): *Solarer Rahmenplan Berlin*. Ecofys, Berlin 2008

Scheer, Hermann: *Solare Weltwirtschaft*. Antje Kunstmann, München 1999

Schindler, Jörg / Zittel, Werner: *Crude Oil, Coal, Uranium – the supply outlook*. Ludwig Bölkow Systemtechnik für Energy Watch Group, Ottobrunn 2007

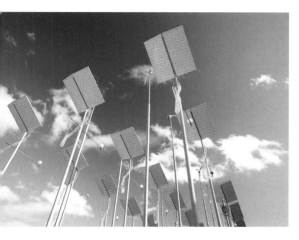

Solarzellen und Windmühlen sind Symbole der Hoffnung. Sie ersparen uns nicht die Verantwortung für bessere Planungsprozesse und Resultate im Städtebau, aber sie vermindern zumindest eine der grundlegendsten aller Umweltbedrohungen: die Verbrennung fossiler Energieträger. Solar cells and wind turbines are symbols of hope. They do not absolve us from responsibility for better planning processes and results in urban development, but they at least alleviate one of the most fundamental dangers to the environment– burning fossil fuels.

Windkraftmühlen vor dem Mündungsgebiet der Themse in Kent (England). Sie liegen also weit jenseits der Londoner Sturmflutbarrieren und illustrieren das „London Array", ein geplantes Windradfeld von 341 Großgeneratoren mit einem Gigawatt Kapazität, das möglicherweise größte weltweit. In diesem Bild wirken die Masten wie magische Symbole, die den Furor der Natur gegen die fossil-faustischen Exzesse, die der modernen Stadtkultur unterliegen, zähmen und neutralisieren sollen. Der Ölgigant Shell ist vor kurzem als Investmentpartner aus dem Projekt ausgestiegen – ein Schritt, der das Symbol und die Realität bedroht. Wind turbines in the outer Thames estuary in Kent (England). This means they are situated far outside the London flood barrier, illustrating the "London Array", a planned wind farm of 341 massive turbines with a gigawatt capacity, possibly the largest in the world. In this image the masts seem like magic symbols, designed to tame and neutralise the fury of nature against the Faustian fossil-fuel excesses which form the basis of modern urban culture. The oil giant Shell has recently withdrawn as an investment partner in the project – a step which threatens both the symbol and the reality.

principle. Berlin is now seeking to catch up, and has released a solar potential atlas of all its precincts and neighbourhoods (Ecofys 2008). Across the developing world, more and more attempts at empowering both cities and informal settlements of the poor with renewable energy sources are being detected – as outcomes of bilateral aid initiatives or multilateral vehicles, from non-profit or quasi-non-governmental networks such as the Global Village Energy Partnership, the Renewable Energy and Efficiency Partnership, the United Nations Development and Environment Programmes, and even the World Bank. But the most promising efforts are locally or regionally conceived and applied, if, like international programs, still quite thin in nature and episodic as implemented on the ground. The rural sector, virtuously deprived of past electrification schemes, fares somewhat better than urban communities in benefitting from renewable energy innovations. Bangladesh is home to the world's largest micro-lender, Grameen Bank, whose founder Muhamad Yunis recently received the Nobel Peace Prize. Grameen Shakti is its solar power lender and provider, empowering tens of thousands of rural community dwellers across dozens of Third World countries.

The present transition spawns a rapidly evolving, hybrid field of inquiry and practice. Informed by the dynamic forces of a global urban energy transition, it is beginning to take shape across loosely shared clusters of discourse, policy patterns, and related sub-genres of technological innovation, social action research, and critical writing. Many disciplines – as diverse as economics, community development, architecture and urban design, transport planning, energy policy, renewable and efficiency technology – are linked, and energy infrastructure itself is becoming the heart of a new and hopeful revolution, still fettered by vested interests, expediency, and inertia. Indeed, the transformation of the very energy base of cities is the focus of a growing number of research, practice, and policy fields - transport, buildings, employment, cultural development, economic advancement, local prosperity – and resilience to the effects of climate change.

Note

1 The Gaia Hypothesis was deleveloped in the mid-sixties by the microbiologist Lynn Margulis and the chemist, bio-physicist and medic James Lovelock. It states that the earth, in particular the surface of the earth including the whole biosphere, can be considered as one living organism.

References

Campbell, Colin J.: "Revision of the Depletion Model." The Association for the Study of Peak Oil and Gas (ASPO) - Article 624, Newsletter No 58, 2005.

Davis, M.: *Planet of Slums.* London/New York 2007.

Droege, Peter: *The Renewable City – Comprehensive Guide to an Urban Revolution.* London 2006. http://www.renewablecity.org.

Droege, Peter: *Urban Energy Transition – From Fossil Fuel to Renewable Power.* Harcourt 2008.

Ecofys. *Solarer Rahmenplan.* Senate of Berlin, 2008.

Energy Watch Group: *Crude Oil, Coal, Uranium - the supply outlook.* Ludwig Bölkow Systemtechnik for EWG (authors: Schindler and Zittel) 2007.

Hansen, J. et al.: "Target CO_2 Emissions: Where Should Humanity Aim?" NASA/Goddard Institute for Space Studies, New York 2008.

Heinberg, R.: *The Party's Over: Oil, War and the Fate of Industrial Societies.* Gabriol Island 2003.

IEA - International Energy Agency: *World Energy Outlook.* Paris 2007.

Scheer, Hermann: *Solare Weltwirtschaft.* München 1999.

HERBERT GIRARDET UND STEFAN SCHURIG

Hamburg - Aufbruch zur Klimahauptstadt Deutschlands

Wann gilt eine Stadt eigentlich als erfolgreich, wann als angesagt, wann als cool? Was muss eine Stadt beachten, um im eigenen Land und darüber hinaus einen guten Ruf zu haben und anerkannt zu werden? Gemeinhin könnte man sagen, dass diese Fragen sich daran entscheiden, ob es den Menschen, die in einer Stadt leben und arbeiten, gut geht, ob sie sich wohlfühlen. Letztlich entscheidend für den Erfolg oder Misserfolg einer Stadt scheint die Lebensqualität zu sein. Aber welche Faktoren bestimmen die Lebensqualität einer Großstadt? Die allgemein üblichen Faktoren sind Technologie, Bildung, Kultur und Integration. Wenn diese Faktoren Priorität genießen und in das richtige Verhältnis zueinander gesetzt werden, geht es dann mit der Wirtschaft voran und steigt damit gleichzeitig die Lebensqualität? So richtig diese Annahme scheint, so unvollständig ist sie. Zwar wird heute noch gerne wirtschaftlicher Wohlstand mit steigender Lebensqualität gleichgesetzt. Inzwischen ist aber nicht mehr zu übersehen, dass dies nur gilt, wenn die Wirtschaft die Gesundheit der Menschen und den Schutz der Natur nicht mehr ignoriert, sondern in den Vordergrund stellt. Dies ist noch lange nicht überall der Fall. Es wird aber zunehmend zu dem wichtigsten neuen Kriterium einer wirklich erfolgreichen Stadt. Die erfolgreiche Stadt ist eine nachhaltige Stadt!

Vor allem geht es dabei um die Beziehung zwischen Städten und dem Klimawandel. In diesem Zusammenhang sind Städte zugleich Täter und Opfer. Durch ihren enormen Energieverbrauch sind sie Hauptverursacher des Klimachaos, doch durch ihre meistens unmittelbare Nähe zu den Küsten auch heute schon Opfer. Städte, wie wir sie derzeit in Bezug auf ihre gebaute Umwelt, die Wirtschaft und den Verkehr bis hin zu ihrer gesellschaftlichen Struktur erleben, sind das Ergebnis der Industrialisierung, und damit abhängig von der Verbrennung von Kohle, Öl und Gas. Weltweit werden rund 80 Prozent aller Ressourcen in Städten verbraucht. Seit Kurzem leben weltweit mehr Menschen in Städten als auf dem Land, jeder zweite davon in Städten mit bis zu 500.000 Einwohnern. Die Vereinten Nationen sagen eine Zunahme der Weltbevölkerung bis 2030 auf über acht Milliarden Menschen voraus. Dieser enorme Zuwachs wird fast vollständig Städte betreffen, in denen der Verbrauch an fossilen Brennstoffen viel höher ist als auf dem Land.

Neue Perspektiven für die Stadt von morgen

Für uns Menschen bedeutet dies, neue Perspektiven für die Stadt von morgen zu entwickeln. Dabei ist die Erkenntnis nicht neu, dass mit immer weiter wachsendem wirtschaftlichem Wohlstand nicht zwangsläufig auch die Lebensqualität steigt. In Deutschland haben wir bereits in den 1970er und 1980er Jahren erlebt, dass die wirtschaftliche Entwicklung einer Region oder einer Stadt nicht zwingend zu einer hohen Lebensqualität führt, insbesondere wenn sich der materielle Wohlstand auf Kosten der Gesundheit und der Umwelt entwickelt. So ging es zum Beispiel den Städten im Ruhrgebiet in dieser Zeit wirtschaftlich sehr gut. Die Lebensqualität allerdings, vor allem die gesundheitlichen Bedingungen für die Menschen, waren oft sehr schlecht. In den spä-

HERBERT GIRARDET AND STEFAN SCHURIG

Hamburg - Emerging as the Climate Capital of Germany

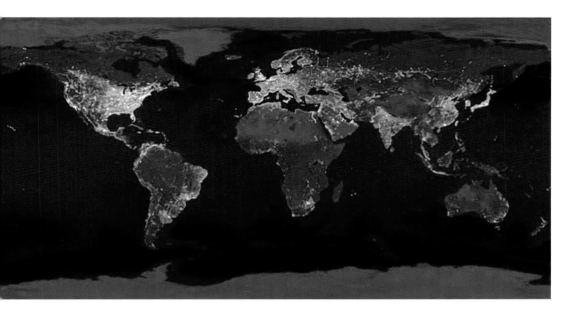

Das Satellitenbild der Erde bei Nacht zeigt die Verteilung künstlicher Lichtquellen auf den Kontinenten. Die entwickelten und dicht besiedelten Gebiete, zu denen die Küstenzonen Europas, Japan und der Osten der USA zählen, heben sich durch ihre Helligkeit deutlich ab. Afrika, Asien, Australien und die zentralen Bereiche Südamerikas hingegen liegen im Dunkeln. Das Bild entstand aus hunderten von Einzelaufnahmen, erstellt von Satelliten des USAF Defense Meteorological Satellite Program (DMSP) der Nasa im Jahr 2001.   The satellite image of the earth at night shows the distribution of artificial light sources across all continents. The developed and densely populated zones, which include the coastal regions of Europe, Japan, and the Eastern USA, are clearly highlighted by the brightly marked areas. Africa, Asia, Australia, and the central regions of South America on the other hand, lie in darkness. The image was created from hundreds of individual photos taken by satellite by NASA's USAF Defense Meteorological Satellite Program (DMSP) in 2001.

When is a city actually considered to be successful, or stylish, or cool? What does a city have to pay attention to in order to enjoy a good reputation and become recognised at home and abroad? The popular view might be that these questions are settled by whether things are going well for the people who live and work in a city, and whether they feel good there. What is ultimately crucial to the success or failure of a city seems to be the quality of life. But what are the factors that determine the quality of life in a large city? These are usually defined as technology, education, culture, and integration. So if these factors are prioritised and are balanced together properly, does the economy then move forward and, with it, a corresponding improvement in the quality of life? Much as this assumption rings true, it does not

tell the whole story. Economic prosperity still, admittedly, tends to be equated with improvements in the quality of life. Yet we can no longer overlook the fact that this only applies if the economy prioritises people's health and nature conservation rather than ignoring them. This is by no means the case everywhere. But increasingly it is turning into the most significant new criterion for a really successful city. The successful city is a sustainable city! First and foremost it is a question of the relationship between cities and climate change. In this respect, cities are both perpetrators and victims. Their massive energy consumption makes them the main causes of climate chaos, while their often direct proximity to coastlines now renders them victims as well. Cities, as we experience them nowadays in terms of their built environment, economy, and transport, right through to their social structure, are products of industrialisation, and therefore dependent on burning coal, oil, and gas. Around 80% of all resources across the world are consumed in cities. As of recently, more people in the world are living in cities than in the countryside, one in two of them in cities with as many as 500,000 inhabitants. The United Nations predicts that the global population will rise to over eight billion by the year 2030. This massive growth will almost exclusively affect cities, where the consumption of fossil fuels is far higher than in the countryside.

ten 1970er Jahren und Anfang der 1980er Jahre war die Luftverschmutzung in manchen Städten so stark, dass Menschen Atemmasken tragen mussten. Saurer Regen, ausgehend von den Abgaswolken der Kraftwerke und des Verkehrs, zerstörte die Wälder und die Natur. In Schweden versauerten einige Seen so sehr, dass sie ohne jegliches Leben waren. Sie hatten teilweise einen pH-Wert von weniger als drei, welcher etwa dem Säuregehalt von Haushaltsessig entspricht. Das Problem der Luftverschmutzung war in der Regel regional begrenzt und vergleichsweise leicht durch Filteranlagen zu lösen, wenngleich Städte und Regionen in anderen Erdteilen heute noch immer sehr damit zu kämpfen haben. Doch Filteranlagen und Katalysatoren können die globalen Herausforderungen von Klimachaos, Rohstoffknappheit und Energiesicherheit nicht lösen. Hierfür ist globales Denken und lokales Handeln erforderlich, vor allem was die Städte betrifft. Die kommenden zehn Jahre sind dabei ein kritisches Zeitfenster, in dem die Weichen für die Lebensqualität nachkommender Generationen gestellt werden.

Die dramatischen Folgen des Klimawandels für die Landwirtschaft und für Städte sind schon heute unübersehbar. Das gilt vor allem für die Länder Lateinamerikas, Asiens und Afrikas. Schwerwiegende Ernteausfälle aufgrund von Wassermangel und zunehmender Unfruchtbarkeit der Böden führen dazu, dass vielen Landwirten die Existenzgrundlage genommen wird, mit dramatischen Folgen für die Lebensweise der ländlichen Bevölkerung. Die Menschen wandern in die Städte ab, um zu überleben, und über Jahrhunderte gewachsene soziale Strukturen und Kulturen zerfallen. Doch das Leben in den Städten bietet keinen Ersatz: Der Kampf ums Überleben geht dort weiter, die Kluft zwischen den Wohlhabenden und denen, die in Armut und unter teilweise unmenschlichen Umständen leben, wird immer größer. Aber nicht nur die Entwicklungs- und Schwellenländer sind von den Folgen des Klimawandels betroffen. Auch in den USA, in Australien und manchen Teilen Europas sind verheerende Waldbrände, Fluten oder Wirbelstürme allgegenwärtig. Der Klimawandel wird dazu führen, dass die für den Menschen

kultivierbaren Landflächen schrumpfen, und das bei gleichzeitig ansteigender Weltbevölkerung. Wenn der bereits begonnene Wettbewerb um die noch verbliebenen fossilen Brennstoffe an Schärfe zunimmt, weil die Ressourcen immer knapper und erneuerbare Energien nicht schnell genug erschlossen werden, dann steigt ebenso das Potenzial an militärischen Konflikten und terroristischen Angriffen. Auch Deutschland steht zunehmend vor Extremsituationen. Wissenschaftler warnen vor mehr Dürrephasen und Starkregen. Laut den Referaten von Forschern auf dem Extremwetterkongress in Hamburg im März 2008, könnten in den nächsten 50 Jahren wegen des Klimawandels auf Deutschland volkswirtschaftliche Kosten von rund 800 Milliarden Euro pro Jahr zukommen.

In solchen Diskussionen wird „die Stadt" als Herd der globalen Klimakrise derzeit kaum erwähnt. Aber wenn wir heute von nachhaltiger Entwicklung sprechen, muss nachhaltige Stadtentwicklung an erster Stelle stehen. Nicky Gavron, ehemalige stellvertretende Bürgermeisterin von London, hob im November 2007 auf einem Kongress des World Future Council in London

Die Emmaus-Dorfkirche wird für die Ausweitung des Braunkohleabbaus mit Spezialtransportern aus Heuersdorf (Sachsen) herausgefahren, Oktober 2007.
The Emmaus village church is driven out of Heuersdorf in Saxony by special loaders to make way for the expansion of brown coal mining, October 2007.

OLAF BARTELS

An Interview with Anja Hajduk

Senator for Urban Development and Environment of the Free and Hanseatic City of Hamburg

Senatorin Anja Hajduk
Senator Anja Hajduk

Madam Senator, what can be done in Hamburg on a political level to tackle climate change? What specific projects are currently in the planning process?

It is a task that will take centuries and change every aspect of urban living. But of course we are already making a start today with concrete projects: for instance, we are trying to remodel heating supply and make more use of combined heat and power units. So we have commissioned expert opinion on two matters. We want to increase energy recovery from waste burning, and install more wind power and photovoltaic systems in Hamburg as well. In terms of energy use we have several programmes for the energy-oriented refurbishment of homes and solar thermal systems. We are promoting energy-saving technologies, for example using a network to modernise refrigeration in Hamburg, which at the moment uses around 14% of our power. And the IBA itself is, of course, a specific project.

What is the fundamental contribution to be made in terms of urban development?

Over the past 150 years, cities have been built in such a way that, for better or for worse, they depend on fossil fuels – coal, oil, or gas. Worldwide, 80% of energy resources are consumed in the cities, starting with urban development, which for decades has relied on the car and therefore on cheap oil. Now requirements have changed. It's no longer about having your own home on the outskirts of Hamburg, linked by extensive roadways: instead, people again want inner-city living. We should learn lessons from

this. And another thing: if we really want to reduce CO_2, we have to bring together town planning, traffic planning, public utilities, energy supply and architecture. We have to completely redesign the urban infrastructure and factor in the interactions. It is no longer enough to concentrate on individual buildings or factories. Gradually we must optimise the city as a whole in terms of energy. This applies to both the city's shape, which has to remain compact in size, and the processes that take place within it: living, working, moving around, and what we do in our leisure time as well. Naturally this is a long-term exercise, but with a project like the IBA in particular, we can try out new solutions and show the best way forward.

Will there be retrospective corrective action taken for new building developments such as HafenCity, and will higher environmental and energy standards be set than there have been to date?

In HafenCity we want to raise the standards of the existing sustainability strategy even higher. In 2003 a new standard was already set for thermal energy supply on the west side of HafenCity, with a CO_2 limit for heat supply of 175 g CO_2/kWh. The new invitation to tender for the east side of HafenCity has lowered this to 125 g CO_2/kWh. This is a high requirement for energy-efficient heat provision. Businesses are free to decide on the technical solutions they use to reach this target economically. The high environmental building standards in HafenCity are already well illustrated by the certification system unique to HafenCity, which

erreicht werden soll, steht dabei den Unternehmen frei. Die hohen Umweltstandards für das Bauen in der HafenCity werden bereits jetzt gut durch das HafenCity-eigene Zertifizierungssystem abgebildet, das unter anderem Energieeffizienz und ressourcenschonendes Bauen oder den nachhaltigen Betrieb von Gebäuden über deren gesamten Lebenszyklus umfasst. Die HafenCity ist mit dem Zertifizierungssystem schon bundesweit Vorreiter und hat Marktanreize und Regelsetzungen miteinander erfolgreich verbunden. So werden nicht nur öffentliche

Gebäude wie die HafenCity Universität, sondern auch große Bürogebäude wie die Spiegel-Zentrale und die Unilever-Zentrale zertifiziert.
Wir wollen die Wirkung der Zertifizierung noch deutlich erhöhen. Ein Teil der Grundstücke soll nur an Unternehmen vergeben werden, die mit dem „Goldstandard" den höchsten Standard für das nachhaltige Bauen realisieren. Für den Wohnungsbau soll dieser Standard durchweg angestrebt werden.
Für den Ostteil der HafenCity erwarte ich, dass 50 Prozent der Neubaunutzungsfläche der Ha-

Luftbild mit Blick von Süden auf das heutige Zentrum Wilhelmsburgs, den zukünftigen Energieberg Georgswerder und den nordöstlichen Teil Hamburgs
Aerial view from the south towards the present centre of Wilhelmsburg, the future energy hill Georgswerder and the north-eastern part of Hamburg

comprises among other things energy efficiency and resource-friendly construction, and the sustainable operation of buildings over their entire life-cycle. HafenCity is already ahead of the rest of Germany with its certification scheme, successfully combining market incentives and regulation setting. In this way certification has been given to both public buildings like Hafen-City University and large-scale office complexes like the Spiegel and Unilever head offices.

We want to increase the effectiveness of certification considerably. A proportion of the sites are to be allocated to companies which fulfil the highest Gold standard for sustainable building. This is the standard aspired to across the board for residential developments.

I expect that, for the eastern section of Hafen-City, 50% of the area utilised for new buildings in HafenCity will be certified to Gold standard. What is more, the HafenCity certification system is equally transferable to other locations and we would prefer it if this type of sustainable approach to resources is applied to other sites in Hamburg.

In your view, what role should the IBA Hamburg in 2013 play in formulating the strategy?

For me, the IBA in Wilhelmsburg is absolutely fascinating. It is certainly an exciting "laboratory" situation when you read such glowing reports about the "Elbe islands" in IBA documents, and you know the kind of mixture of business and logistical areas, traffic pressure and various forms of residential building that are to be found there. I would love the IBA and the igs (Internationale Gartenschau) to really unleash the creativity needed to make an immediate and complete change to the form of energy supply. If this works, it can take on a leading role not just for Hamburg, but also in an international context. I think this is far more important than the so-called model eco-towns that are now being developed on every drawing board at a cost of billions. The urban reality, which has to undergo truly massive changes, in fact looks far more like Wilhelmsburg.

Rising energy costs are having an increasingly immediate impact on the economy as well as on the consumer, especially for poorer people. How can Hamburg alleviate the social hardship caused by this rise?

On the one hand, the housing allowance is going up considerably from 2009. In Hamburg around 20,000 households will benefit from this. But this still does not change the fact that the days of cheap energy are gone, and this affects those on lower incomes more than the better off. At the end of the day, the state cannot make energy cheaper, but it can help to save energy and thus prevent costs from increasing in the first place. As a city we must address the issue of the built infrastructure, and we are doing so on a massive scale. Saving on heating energy is the most important starting point in this process, but an efficient public transport system also helps to reduce dependency on cars and to lower travelling costs.

We are specifically promoting measures aimed at saving energy, so in future the energy and climatic aspects of new building developments and refurbishments will be taken into greater consideration. This is where the social side of climate protection becomes more evident. Greater energy-efficiency and energy-saving measures protect not just the climate, but ultimately help to save money as well.

The important thing is to make sure that tenants also benefit from the money saved. So research is underway to see whether the fifty-fifty model (ensuring half of saved costs go to those affected) can be transferred to those on unemployment benefit II (ALG-II) and welfare recipients. In addition to this, we give advice on other energy-saving measures. For instance, we support the consumer advice office in Hamburg, where every household can go to find out about cutting down on energy consumption and therefore costs.

Is there any way, other than raising the dykes and flood protection in the city, that the dangers presented by flooding can be prevented?

fenCity nach dem „Goldstandard" zertifiziert wird. Im Übrigen ist das Zertifizierungssystem der HafenCity auch auf andere Standorte übertragbar und es ist wünschenswert, wenn diese Form des nachhaltigen Umgangs mit Ressourcen auch auf anderen Grundstücken in Hamburg angewandt wird.

Welche Rolle soll die Internationale Bauausstellung IBA Hamburg nach Ihrer Auffassung bei der Strategiefindung spielen?

Die IBA in Wilhelmsburg ist für mich absolut faszinierend. Wenn in den IBA-Texten so idyllisch von der „Elbinsel" die Rede ist, und man weiß, was dort für eine Mischung von Gewerbe- und Logistikflächen, Verkehrsbelastung und unterschiedlichen Formen der Wohnbebauung vorhanden ist, dann ist das schon eine spannende Laborsituation. Ich wünsche mir, dass die IBA und auch die igs wirklich die Kreativität freisetzen, die man braucht, wenn man die Energieversorgung plötzlich völlig anders gestalten will. Wenn das gelingt, kann sie eine Vorreiterrolle nicht nur für Hamburg, sondern auch im internationalen Rahmen übernehmen. Ich finde das viel wichtiger als sogenannte Öko-Musterstädte, die jetzt überall mit vielen Milliarden auf dem Reißbrett entwickelt werden. Die städtische Wirklichkeit, die im wirklich großen Maßstab verändert werden muss, sieht nämlich eher so aus wie Wilhelmsburg.

Die steigenden Energiekosten spielen für die Wirtschaft, aber auch für die Verbraucher eine immer existenziellere Rolle, vor allem für die ökonomisch Schwachen. Wie kann Hamburg daraus resultierende soziale Härten abfangen?

Zum einen wurde das Wohngeld ab 2009 deutlich erhöht. Davon werden in Hamburg rund 20.000 Haushalte profitieren. Aber das ändert nichts daran: Die Zeiten billiger Energie sind vorbei, und das trifft die Einkommensschwächeren härter als die Begüterten. Der Staat kann letztlich nicht die Energie billiger machen, aber er kann helfen, Energie zu sparen und damit Kosten gar nicht erst entstehen zu lassen. Wir als Stadt müssen an den gebauten

Infrastrukturen ansetzen, und das tun wir massiv. Die Einsparung von Heizenergie ist dabei der wichtigste Ansatzpunkt. Aber auch ein leistungsfähiger öffentlicher Personennahverkehr trägt dazu bei, die Abhängigkeit vom Auto zu reduzieren und Mobilitätskosten zu senken. Wir fördern gezielt Maßnahmen zur Energieeinsparung. So werden in der Entwicklung von Neubaugebieten und bei Sanierungen energetische und klimatische Aspekte künftig stärker berücksichtigt. Hierbei wird der soziale Aspekt des Klimaschutzes deutlich. Eine höhere Energieeffizienz und Maßnahmen zur Energieeinsparung schützen nicht nur das Klima, sondern helfen letztlich auch Geld zu sparen. Wichtig ist dabei, dass das eingesparte Geld auch den Mietern zugutekommt. So wird gerade geprüft, ob das Fifty-fifty-Modell, mit dem sichergestellt wird, dass die Hälfte des eingesparten Geldes den Betroffenen zufließt, auf ALG-II- und Sozialhilfeempfänger übertragen werden kann. Darüber hinaus beraten wir auch bei anderen Energiesparmaßnahmen, zum Beispiel fördern wir die Verbraucherzentrale Hamburg, an die sich jeder Haushalt wenden kann, um den Verbrauch und damit die Kosten zu senken.

Lassen sich die Gefahren, die durch Fluten für die Stadt bestehen, anders als durch eine Erhöhung der Deiche und des Hochwasserschutzes in der Stadt abwehren?

Der beste Hochwasserschutz ist ein wirksamer Klimaschutz. Als küstennahe Stadt müssen wir aber in jedem Fall dafür sorgen, dass die Deiche standhalten. Dabei setzen wir nicht nur auf Deicherhöhung. Die Elbe, unser Fluss, muss mehr Platz bekommen zum Ausweichen. Wir wollen also Deiche zurückverlegen und neue Überschwemmungszonen ermöglichen. Der Klimawandel führt auch zu starken Regenfällen, die unsere Kanalsysteme überfordern. In dem Zusammenhang prüfen wir zurzeit, inwieweit sich Flächen, die eigentlich anderen Zwecken dienen, wie Parkplätze oder Grünflächen, im Fall eines drohenden Hochwassers als Rückhalteraum für Regenwasser genutzt werden können. Neue Baugebiete werden von vorneherein so

Der beste Hochwasserschutz ist ein wirksamer Klimaschutz.

The best flood protection is effective climate protection. As a city near the coast we must in any case make sure that the dykes hold. To do this we are not only raising the dykes. The Elbe, our river, must have more space to divert into. So we want to set the dykes back and allow new overflow zones. Climate change is also leading to heavy rainfall, which is putting too great a strain on our canal system. In light of this, we are currently examining how far surface areas that are actually used for other purposes, such as parks and green spaces, can be used in the event of a flood threat as a storage area for rainwater. From the outset new building areas are being planned in such a way that precipitation can seep through the plots of land. We want to encourage other property owners to allow as much rainwater as possible to seep through on the site, so that it does not have to be directed into the canals at all.

In spite of our best efforts, should we not be gearing towards rising water levels and start concentrating more on floating districts?
As a city on the water, Hamburg encourages houseboat living in some parts of the city. This can only be one particular lifestyle, however, and not a general response to climate change. We will certainly have to make efforts to tackle climate change effectively.

Energy-oriented refurbishment of the existing building stock is an important issue in reducing the rise in carbon emissions. The Hamburg cityscape is characterised by large areas of brick façades. It is a traditional response of the architectural culture to the specific climate in Northern Germany. Do the new climatic challenges imply a radical break with tradition, or can we still learn from the old masters?
Hamburg's cityscape has certainly changed considerably in the past few years, as for some time now there has been less emphasis on using bricks for new builds, as was previously the case, in Hamburg especially. Brick always used to be the main material for building houses. This has changed, and not just because of its poor insula-

tion properties. Today it is really only still used as a façade protection.
As such, it can, however, still be used in house refurbishments. A few years ago a brick façade, bridging over a thirty-centimetre insulation layer, was used for a passive house in Hamburg-Eidelstedt. Against this background, then, it will still be possible in future to realise brick façades for buildings with high thermal insulation levels. The radical break with tradition you asked about, meaning that "all brick façades are disappearing behind thermal insulation with a rendered surface", does not necessarily have to be the way it goes. It is also possible to insulate old buildings very well and then clad them with a brick façade.

Taking Hamburg as an example, how do you envisage the city of the future – in the year 2040?
We have warm homes, mostly without any heating at all. Power is generated by wind, sun, biomass and geothermal. It is pleasantly quiet in squares and on the streets, because people mainly get around on foot, with bikes, in small electronic cars and on local public transport. Wilhelmsburg is one of the city's most popular districts, with a lively centre and attractive possibilities for enjoying nature and culture. The older residents of the district still remember the IBA and igs (Internationale Gartenschau), and all the people with great plans...

The best flood protection is effective climate protection.

geplant, dass Niederschläge auf den Grundstücken versickern können. Die übrigen Grundstückseigentümer wollen wir motivieren, möglichst viel Regenwasser gleich auf dem Grundstück versickern zu lassen, damit es gar nicht erst in die Kanäle geleitet werden muss.

Sollte man sich nicht trotz aller Bemühungen auf steigende Wasserstände einstellen und verstärkt auf die Planung schwimmender Stadtteile setzen?
Hamburg fördert als Stadt am Wasser das Wohnen in Hausbooten in einigen Teilen der Stadt. Dies kann aber sicherlich nur eine besondere Form des Wohnens sein und keine allgemeine Antwort auf den Klimawandel. Wir werden uns schon bemühen müssen, den Klimawandel wirksam zu bekämpfen.

Ein wichtiges Thema bei der Reduzierung des CO_2-Aufkommens ist die energietechnische Sanierung des Altbaubestandes. Hamburgs Stadtbild wird in weiten Teilen durch Backsteinfassaden geprägt. Das ist eine tradierte baukulturelle Reaktion auf das spezifische Klima in Norddeutschland. Setzen die neuen klimatischen Herausforderungen einen radikalen Bruch mit der Tradition voraus oder können wir noch immer von den Alten lernen?
Hamburgs Stadtbild hat sich in den letzten Jahren schon stark verändert, da bei Neubauten schon lange nicht mehr so stark auf Backstein gesetzt wird, wie dies früher besonders in Hamburg der Fall war. Früher war der Backstein das Hauptbaumaterial, aus dem Häuser bestanden. Dies hat sich nicht nur aufgrund seiner geringen Dämmeigenschaft geändert. Heute wird er eigentlich nur noch als Fassadenschutz genutzt. Als solcher kann er jedoch auch bei Haussanierungen auch heute noch zum Einsatz kommen. An einem Passivhaus in Hamburg-Eidelstedt wurde vor einigen Jahren erstmals eine Klinkerfassade genutzt, die eine Dämmschicht von 30 Zentimetern überbrückt. Vor diesem Hintergrund wird es also auch in der Zukunft möglich sein, Backsteinfassaden bei hoch wärmegedämmten Gebäuden zu realisieren. Der in

der Fragestellung anklingende radikale Bruch mit der Tradition, im Sinne von „alle Klinkerfassaden verschwinden hinter Wärmedämmung mit einer Oberfläche aus Putz", muss also nicht stattfinden. Es ist auch möglich Altbauten sehr gut zu dämmen und diese dann mit einer Klinkerfassade zu verkleiden.

Wie soll nach Ihren Vorstellungen die Stadt der Zukunft – nehmen wir Hamburg als Beispiel – im Jahr 2040 aussehen?
Wir haben warme Wohnungen, zum größeren Teil ganz ohne Heizung. Der Strom wird aus Wind, Sonne, Biomasse und Geothermie gewonnen. Auf den Plätzen und Straßen ist es angenehm leise, weil die Menschen überwiegend zu Fuß, mit Fahrrädern, kleinen Elektromobilen oder dem öffentlichen Nahverkehr unterwegs sind. Wilhelmsburg ist einer der beliebtesten Stadtteile mit einem lebendigen Zentrum und einem faszinierenden natürlichen und kulturellen Potential. Die älteren BewohnerInnen erinnern sich noch an IBA und igs (Internationale Gartenschau) und all die Leute mit den guten Plänen ...

Luftbild mit Blick von Süden auf das Reiherstiegquartier in Wilhelmsburg, den Hamburger Hafen und das Stadtzentrum im Norden Aerial view from the south towards the Reiherstieg district in Wilhelmsburg, the port of Hamburg and the city centre in the north

GERNOT BÖHME

Atmosphären in der Architektur

Wetter und Gefühle

Atmosphäre ist ursprünglich ein meteorologischer Begriff und bezeichnet die Totalität des Luftraums. Seit Jahrhunderten aber, und zwar in den meisten europäischen Sprachen, bezeichnet dieser Ausdruck auch die emotionale Tönung des Raumes beziehungsweise räumlicher Konstellationen. Atmosphäre in diesem Sinne kann man mit Elisabeth Ströker als „gestimmten Raum" und mit Hermann Schmitz als „quasi objektives Gefühl" bezeichnen. Ich würde sagen, dass Atmosphäre die Sphäre gespürter leiblicher Anwesenheit ist.[1] Gehen wir von diesem Begriff aus, dann kann er sowohl das Wetter als auch den Gefühlsraum, in dem man sich befindet, bezeichnen. Ich gebe für beides zur Verdeutlichung eine Reihe von Beispielen:
Wie ist das Wetter bei Euch?
· Es ist ein heiterer Morgen
· Es herrscht eine bedrohliche Gewitterstimmung
· Es ist ein düsterer Tag
· Es ist herbstlich kühl
Wie ist die Stimmung bei Euch?
· Wir leben in gespannter Erwartung
· Es herrscht eine aggressive Atmosphäre
· Die Atmosphäre ist sehr gemütlich
· Die Gespräche vollziehen sich in kühler Atmosphäre
Solche Beispiele dürften plausibel machen, dass Wetter und Gefühle eng miteinander verwandt sind: Beides sind Atmosphären. Freilich meint man dann Wetter als subjektive Tatsache, als leiblich-sinnlich gespürte Wetterlage

und Gefühl als quasi objektives Gefühl, als emotional getönten Raum. Diese Verwandtschaft hat jedoch auch Grenzen. Bevor ich auf sie eingehe, möchte ich zuerst den Autor zitieren, der unter dem allgemeineren Thema des *leiblichen Raumes* die Verwandtschaft von Wetter und Gefühl am deutlichsten herausgearbeitet hat.
Hermann Schmitz schreibt in seinem Band *Der Gefühlsraum*: „Unter den Beispielen dafür [nämlich für den leiblichen Raum, G. B.] habe ich an erster Stelle den klimatischen Raum genannt, d.h. unbestimmte weite Ausdehnung des Wetters oder Klimas in der Gestalt, die wir unwillkürlich spüren, wenn wir ohne Weiteres – namentlich ohne Besinnung auf den eigenen Leib und auf Sinnesdaten im üblichen Sinn – dessen inne sind, dass es heute zum Beispiel schwül, feucht, lau oder frisch und kühl oder frühlingshaft oder gewittrig erregend ist oder sonst etwas *in der Luft liegt*. Was wir dann spüren, ist als Phänomen eigentlich nicht ein Zustand unseres Leibes, sondern eine diesen umhüllende, ungegliederte, randlos ergossene Atmosphäre, in deren Weite sich freilich der eigene Leib als etwas abhebt, das von ihr in spezifischer Weise – zum Beispiel erschlaffend bei schwülem Wetter oder straffend bei frischer, reiner Luft – betroffen wird. Ebenso sind Gefühle nach den in diesem Buch zusammengestellten Beobachtungen solche Atmosphären, die den Menschen durch dessen leibliches Betroffensein heimsuchen, aber nicht nur ein Zustand seines Leibes sind, sondern unbestimmt weit ergossene Mächte, wovon dieser umgriffen wird."[2]

important than the work itself. The presence of the architect in specialist journals, catalogues, magazines, brochures, and by association even his reputation, depends on the successful photographic representation of his works. As to great architects one must travel the world to get an impression of what effect their work was having in situ. So it comes as no surprise that the thought of the subsequent photograph goes into the design as well. With this, we have identified the third factor determining architectural creation: architecture must not only be useful, fulfilling a function, it should also be a work of art, and at the end of the day it must be paid for, so it must fit with the market. That requires advertising and brand design. It follows that architecture has to be staged, and for this reason there is still a lingering tendency for self-dramatisation. And yet, if it is true that architecture is fundamentally about shaping space, then it does not belong with the visual arts. You do not see a space. One is inclined to prove this theory by the inadequacies of perspective drawing. It is then hastily alleged that what you actually see are images, and therefore two-dimensional objects. The trivial conclusion is that, in spite of all possible tricks, the spatial cannot be adequately reproduced in two dimensions. The entire fallacy hangs on the fact that we are accustomed to understand the camera as the model for ocular vision – in fact, with one eye! But we actually see with two eyes, and what they show us has never been replicated using any form of technology without recourse to the eyes. So you can see space, and in spatial vision with both eyes. But what do you actually see? And what use is binocular vision? We are always inclined to comprehend this achievement in a technical way, that is, according to the model of the binocular rangefinder. At any rate, from a fixed base and by setting sights on both ends of the equipment, it is possible to determine the distance of objects in relation to this base. This is also how we assess distance when looking. There is, however, another important effect of looking with two eyes – one that radically contradicts perspective vision. With good reason, the art historian Ernst Gombrich

worked out that a crucial point of perspective is the concealment of one object by another: "Painting using perspective means painting in such a way that nothing appears that is concealed from an eye when it fixes on one point." Precisely this principle is breached in binocular vision: it is possible to see around obstacles to a certain extent, and the soft effects thus created make objects look as if they are floating in space. There is also eye movement, whereby objects take on a tentatively look through constantly shifting perspective. As paradoxical as it might seem, the impression of objects being in space is achieved precisely through the indeterminacy of their localisation. One must ostensibly decide between the corporeality of objects and their existence in space, or more precisely their ability to create space through their form or arrangement. The corporeality of objects can certainly be represented through perspective drawing, unlike their spatiality or space itself. We can get an impression of the latter by looking with two eyes and moving them around, an impression that of course has something strangely schematic about it, when taken in isolation from other experiences. This becomes clear when looking at 3-D images. The spatial image becomes more animated when another visual option is used, namely varying fixation on variable distances. In this way you can roam far back into the space, virtually – that is, with the eye – and only there can space be experienced as something that you are within. The scene changes as a result. Space is only experienced in a true sense when you are inside it – through physical presence. The simplest and most convincing way of ensuring physical presence in a space is movement. This is why, even in seeing, those elements containing movement, and indeed varying perspective and fixation, are most suited to conveying the impression of spatialities. Vision itself, however, is not a sense for Being-in-it, but rather a sense which confirms differences and creates distances. On the other hand there is a specific meaning for Being-in-it known as feeling (*Befindlichkeit*). In our state of being, we sense where we are. Sensing our own presence is also to sense the space in which we

erfahren, dass man im Raum ist. Durch leibliche Anwesenheit. Die einfachste und überzeugendste Art, sich der leiblichen Anwesenheit in einem Raum zu versichern, ist Bewegung. Deshalb sind auch im Sehen diejenigen Elemente, die Bewegung enthalten, und zwar wechselnde Perspektive und wechselnde Fixierung, am besten geeignet, uns den Eindruck von Räumlichkeiten zu vermitteln. Das Sehen selbst aber ist kein Sinn für das Darin-Sein, sondern eher ein Sinn, der Unterschiede setzt und Distanzen schafft. Dagegen gibt es einen spezifischen Sinn für das Darin-Sein, den Sinn, den man Befindlichkeit nennt. Im Befinden spüren wir, wo wir uns befinden. Das Spüren unserer eigenen Anwesenheit ist zugleich das Spüren des Raumes, in dem wir anwesend sind. Wo wir uns befinden, das könnte noch topologisch als Ortsbestimmung verstanden werden. Tatsächlich gehen in das Spüren leiblicher Anwesenheit sowohl die Abstände zu den Dingen, besser gesagt, ihre bedrückende Nähe oder ihre fliehende Weite, und ebenso die Geometrie des Raumes ein, aber auch hier ist der Vorgang eher im Sinne von Bewegungsanmutungen, wie *aufstrebend* oder *lastend*, zu verstehen. Doch das Spüren des Wo ist eigentlich viel integrativer und zugleich spezifischer, es bezieht sich nämlich auf den Charakter des Raumes, in dem man sich befindet. Wir spüren, was das für ein Raum ist, der uns umgibt. Wir spüren seine Atmosphäre. Das hat Konsequenzen für die Wahrnehmung von Architektur. Wenn es wahr ist, dass Architektur Räume gestaltet, so muss man sich, um sie zu beurteilen, in diese Räume hineinbegeben. Man muss leiblich anwesend sein. Natürlich wird man dann die Gebäude und die Konstruktionen betrachten und sie nach Maß und Gehalt beurteilen, aber dazu brauchte man nicht anwesend zu sein. Die entscheidende Erfahrung kann man nur machen, wenn man durch Anwesenheit in dem betreffenden Raum, und das heißt: durch dessen Atmosphäre in seinem Befinden gestimmt wird. Damit erweist sich der Satz, den man Polyklet zuschreibt und der sich dann bei Vitruv explizit findet, schließlich als wahr: Der Mensch ist das Maß der Architektur. Freilich in anderem Sinne, als er gemeint war.

Die Architektur und der Raum

„Geometrie lehrt die Gesetzmäßigkeiten der Linien, Flächen und Körper im Raum. Geometrie kann uns helfen zu verstehen, wie wir in der Architektur mit dem Raum umgehen können. Die Architektur kennt zwei grundsätzliche Möglichkeiten der Raumbildung: den geschlossenen Körper, der in seinem Innern Raum isoliert, und den offenen Körper, der einen mit dem unendlichen Kontinuum verbundenen Raumteil umschließt. Die Ausdehnung des Raumes kann durch offen in die Tiefe des Raums gesetzte oder gereihte Körper wie Platten oder Stäbe sichtbar gemacht werden."[5] Es scheint, dass der Architekt Peter Zumthor hier seine eigenen Äußerungen vergisst, nach denen es in der Architektur darauf ankommt, wie man sich in und im Umkreis von Gebäuden fühlt. Wenn es um den Raum geht, delegiert er die Zuständigkeit an die Geometrie und sieht die Raumgestaltung durch Architektur darin, dass der Raum sichtbar gemacht wird. Und dieses Sichtbarmachen geschieht nach diesem Zitat in der Raumbegrenzung durch Gegenständliches und die Platzierung von Dingen. Natürlich gestaltet Architektur Dinge, und sie wird auch nicht auf Geometrie verzichten können – obgleich deren Bedeutung eigentlich viel relevanter ist für den Statiker und den Bauingenieur. Doch in der Gestaltung des Dinghaften in der Architektur und der Platzierung von Dingen geschieht noch etwas anderes, was viel relevanter für die Fähigkeit von Gebäuden ist, nämlich die Fähigkeit, „to appeal to our emotions and minds in various ways."[6] Sie setzen Schwerpunkte und konzentrieren das Raumgefühl, sie enthalten Bewegungssuggestionen oder vermitteln die Erfahrung von Enge und Weite, und sie artikulieren den Raum selbst als Weite.
Ich habe dafür Beispiele genannt, die nicht durchweg aus der Architektur stammen, aber doch deutlich machen, was im Prinzip dem Architekten möglich ist: die Platzierung einer Burg auf einem Hügel, Jonathan Borofskys *Man walking to the sky*, die geschwungenen Formen japanisch/chinesischer Dächer und eine ferne Licht- oder Tonquelle im Raum. Diesen

Raum wird dadurch genuin erfahren, dass man im Raum ist. Durch leibliche Anwesenheit.

AKTIVER UND PASSIVER KLIMASCHUTZ

Architektonische und städtebauliche Lösungen

ACTIVE AND PASSIVE CLIMATE PROTECTION

Architectural and urban development solutions

NORBERT FISCH, THOMAS WILKEN, STEFAN PLESSER, TANJA BEIER

Vom Ölpreisschock zum Nachhaltigkeitszertifikat

Bemühungen um eine ökologisch verträgliche, energiesparende Architektur

Die Frage nach der Energieeffizienz wird dreißig Jahre alt. Mit der ersten Ölpreiskrise zu Beginn der 1970er Jahre hatte es das Thema Ökologie und Ressourcenverbrauch erstmals in die politische Diskussion geschafft. Autofreie Sonntage hinterließen bleibende Eindrücke, gleichzeitig begannen die Bemühungen um eine ökologisch verträgliche Architektur.

Solides wirtschaftliches Wachstum, Vollbeschäftigung und der Glaube an den stetigen Aufschwung bestimmten die Nachkriegszeit in Deutschland. Der Bauboom der 1950er bis 1970er Jahre setzte neue städtebauliche Maßstäbe. Die Nachfrage nach Wohnraum und Gewerbebauten war riesig und wurde lediglich durch die finanziellen Möglichkeiten begrenzt. Schnelle Lösungen waren gefragt. Eine reduzierte Formensprache und geringe Qualitätsansprüche an die Bausubstanz prägen diese Baualtersklasse. Heute reduziert sich die Beschreibung der Gebäude dieser Baujahre häufig auf typische Mängel und Schäden an opaken und transparenten Bauteilen. Kennzeichnend ist oft neben einem mäßigen Nutzerkomfort der hohe Energieverbrauch.

In Forschungsprojekten am Institut für Gebäude- und Solartechnik (IGS) der TU Braunschweig werden Büro- und Verwaltungsgebäude aus der Phase erhöhter Bautätigkeit analysiert und Wege für den Erhalt der Bausubstanz und die energetische Sanierung erforscht. Die Probleme der Verwaltungsbauten sind vielfältig. Hohe Wärmeverluste durch mäßige bis geringe Wärmedämmung für Wände, Dächer und Fenster, absturzgefährdete Fassaden und große Undichtigkeiten in der Gebäudehülle kennzeichnen

viele Gebäude. Die überwiegend zurückhaltende und schlichte Gestaltung sowie die einfache Kubatur der Gebäude sind einerseits dem Budget geschuldet, andererseits der Forderung nach Funktionalität. Gerade diese baulichen Voraussetzungen ermöglichen heute eine energetische Sanierung auf hohem Niveau.

Baulicher Wärmeschutz

Die Grundlagen für Mindestanforderungen an den baulichen Wärmeschutz gehen auf Überlegungen zur Hygiene und Gesundheit in Gebäuden aus den 1920er Jahren zurück. Sie bildeten 1952 mit der DIN 4108 den damaligen Stand der Technik ab. Es galt, Feuchteschäden zu vermeiden bzw. einen Schutz gegen sommerliche Überhitzung zu definieren. Fragen des Energiebedarfs spielten damals keine Rolle.

In den 1970er Jahren wurde die Vorstellung, dass die weltweit vorhandenen Energieressourcen Kohle, Öl und Gas unbegrenzt vorhanden sein würden, nachdrücklich erschüttert. Mit der ersten Ölpreiskrise gelangten Fragen nach der Versorgungssicherheit und der Endlichkeit von fossilen Ressourcen auf die politische Tagesordnung: Wie reagiert man auf die steigenden Preise für Rohstoffe? Wo lassen sich Potenziale für Einsparungen erschließen?

1976 verabschiedete die Bundesregierung das Energieeinsparungsgesetz (EnEG) und mit der Wärmeschutzverordnung (WSVO) 1977 wurden erstmals Standards für einen energiesparenden Mindestwärmeschutz von Gebäuden gelegt. Wärmedurchgangskoeffizienten (U-Werte, damals k-Werte) für Bauteile wurden vorgegeben

Landwirtschaftliche Sozialversicherung Baden-Württemberg vor und nach der Sanierung durch Herrmann + Bosch, Stuttgart The Baden-Württemberg agricultural social insurance agency (from the 1960s), before and after refurbishment (end of the 1990s), planned by Herrmann + Bosch, Stuttgart

NORBERT FISCH, THOMAS WILKEN, STEFAN PLESSER AND TANJA BEIER

From Oil Price Shock to Sustainability Certificates

Towards an ecologically compatible, energy-saving form of architecture

The energy efficiency question has been with us for thirty years. The first oil price crisis in the early 1970s brought the subjects of ecology and resource use onto the political agenda for the first time. Car-free Sundays left an enduring impression, while efforts began in terms of developing an ecologically compatible, energy-saving form of architecture.

Sound economic growth, full employment and belief in a steady upturn defined the postwar period in Germany. The construction boom from the 1950s to the 1970s set new standards in urban development. There was massive demand for living space and for commercial buildings, limited only by financial constraints. Quick solutions were needed. Buildings dating from this time were characterised by a reduced formal language and low-quality construction materials. Descriptions of buildings completed in these years are now often reduced to the typical deficiencies, and damage to opaque and transparent structural components. High energy consumption combined with low occupant comfort is a frequent feature.

Research projects at the Institute of Building Services and Energy Design (IGS) at the Technical University of Braunschweig are involved in the analysis of office and administrative buildings from this period of increased construction activity in order to find ways of maintaining the building fabric and renovating energy systems. Administrative buildings present a number of problems: many of them are characterised by substantial heat loss through moderate to low insulation of walls, roofs and windows, by façades in danger of collapse and by serious

und definierten die Qualität der Gebäudehülle. Mitte der 1980er Jahre wurde die Vorschrift verschärft, zudem wurden erstmals Mindestanforderungen bei der Sanierung von Gebäuden gefordert.

Mit der zweiten Novellierung der Wärmeschutzverordnung wurde 1995 ein Bilanzverfahren für den Nachweis eingeführt. Wärmeverluste über Transmission und Lüftung werden fortan mit internen und solaren Wärmegewinnen verrechnet. Abhängig von dem Verhältnis A/Ve (Fläche der Gebäudehülle zu beheiztem Bruttovolumen) muss die Einhaltung eines festgeschriebenen Wertes für den Jahres-Heizwärmebedarf Q_h nachgewiesen werden. Das „Bauteilverfahren" der vorangegangenen Wärmeschutzverordnungen wurde für die Sanierung von Bestandsgebäuden beibehalten.

Neu entwickelte Produkte für eine effektive Wärmedämmung von Gebäuden nahmen der Befürchtung von Planern und Architekten nach unästhetischen Dimensionen von Wänden, Dächern und Fenstern die Schärfe. Begriffe wie Niedrig- oder Nullenergiehaus sollten den Anspruch an sparsamen Umgang dokumentieren und hielten Einzug in den Sprachgebrauch der Architekten und Ingenieure.

Nachweis des Primärenergiebedarfs

Mit der Einführung der Energieeinsparverordnung (EnEV) 2002 wurde die Primärenergie Bilanzgrenze der Berechnungen. Neben der Qualität der Gebäudehülle sind fortan die Art der Wärmeerzeugung sowie der eingesetzte Energieträger Bestandteil der energetischen Bewertung von Gebäuden. Die Nutzung regenerativer Energieträger sowie einer zentralen Versorgung über energetisch optimierte Erzeugungssysteme, wie zum Beispiel eine Kraft-Wärme-Kopplung, führt zu niedrigen Bedarfswerten. Über Primärenergiefaktoren für Öl, Kohle, Gas oder Strom wird die Energieeffizienz der Anlagentechnik bewertet und eine Vergleichbarkeit der Gebäude ermöglicht. Maßnahmen bezüglich der Gebäudehülle sowie der Anlagentechnik sind verrechenbar, sodass

durch Nutzung einer energetisch effizienten Anlagentechnik der bauliche Wärmeschutz in reduzierter Qualität ausgeführt werden kann und umgekehrt. Eine Mindestqualität des baulichen Wärmeschutzes wird durch die Begrenzung des Transmissionswärmeverlustes gewährleistet. Seit Einführung des EnEG bis zu der ab Oktober 2007 geltenden aktuellen Novellierung der EnEV sind die gesetzlichen Anforderungen an das energieeffiziente Bauen erheblich gestiegen. Die Verringerung der Bedarfswerte für die Heizenergie ist in der Abb. auf Seite 78 mitte dargestellt.

Das Nachweisverfahren für die Einhaltung des Primärenergiebedarfs ist seit der jüngsten Novellierung der EnEV 2007 für Wohn- und Nichtwohngebäude unterschiedlich zu führen. Für Wohngebäude bleibt es bei dem oben beschriebenen Berechnungsverfahren. Nichtwohngebäude werden in Nutzungskategorien (Schulen, Krankenhäuser, Bürogebäude etc.) unterschieden und entsprechend ihrer internen Struktur zoniert (Büro, Verkehrsfläche, Lager etc.). Ein Referenzgebäude mit identischen Abmessungen und Zonen, normierter Gebäudehülle und Gebäudetechnik bildet den

GSW-Hauptverwaltung Berlin (sauerbruch hutton architekten, Berlin)

Informatikzentrum der TU Braunschweig (EnOB-Projekt; Architekten: Pysall, Stahrenberg, Braunschweig; Energiedesign: Prof. Dr.-Ing. Fisch, IGS, TU Braunschweig)   Information centre of Technical University, Braunschweig (EnOB project – architects: Pysall, Stahrenberg, Braunschweig; energy design: Prof. Dr.-Ing. Fisch, IGS, TU Braunschweig)

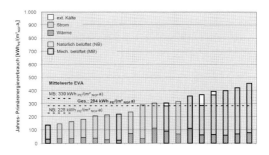

Jahres-Primärenergieverbrauch in Bürogebäuden, Ergebnisse aus dem F+E-Projekt EVA (Evaluierung von Bürogebäuden, 2004-2008)   Annual primary energy consumption in office buildings: results of the EVA project (evaluation of office buildings, 2004-2008)

necessarily lead to an extremely high level of energy consumption or lack of comfort. Analysis of the buildings studied shows that a huge potential for savings can be inferred from the future standard (EnOB) and the built reality.

The optimisation principle

Office buildings have become more efficient in recent years. Buildings designed using holistic energy concepts can ensure a high quality of indoor climate with little energy expenditure. They make high demands in terms of planning and construction, and especially operations, i.e., the facility management. This is the point at which "EnBop" steps in. The acronym EnBop (which translates as "energy-oriented operation optimisation") stands for the research initiative of the German Federal Ministry of Economics and Technology. The emphasis here is on optimising energy efficiency in buildings in use. New tools for optimising and monitoring operations are being developed by EnBop, which also tests innovative systems in building technology in terms of their operational performance. The energy savings, cost effectiveness, and durability of individual measures are identified. The Institute of Building Services and Energy Design documents in profile analyses the successes achieved by energy-oriented operation optimisation, which can significantly reduce the operational costs of buildings.

Alongside improvements in energy performance, the building's image is a key issue for many users, operators and investors. The aspirations of the building should be recorded through integrated assessment methods, which take sustainability, energy efficiency, and environmental compatibility into consideration. A German sustainability certificate, which will be awarded to buildings from the beginning of 2009, is currently being prepared by the German Sustainable Building Council (DGNB) in conjunction with the German Ministry of Transport, Construction and Urban Development.

Details about EnBop from:

http://www.enob.info/en/ (key research area "energy-optimised construction")

http://www.igs.bau.tu-bs.de/index_e.htm (Institute of Building Services and Energy Design, Technical University of Braunschweig)

MANFRED HEGGER

Das Haus als Kraftwerk – die Stadt als Verbundkraftwerk

Gebäude erfüllen viele Funktionen. Für ihre Erstellung und ihren Betrieb binden sie als aufwändige und langlebige Objekte einen Großteil des gesellschaftlichen Kapitals. Sie sind die Produktionsstätten unseres gesellschaftlichen Reichtums. Sie formen unsere Umwelt dauerhaft, sind Mittel der Kommunikation und der Repräsentation. Doch in erster Linie sind sie Behausung und Heimat von Menschen: Sie schaffen Sicherheit und Schutz, dienen der Kommunikation, der Meditation und dem Rückzug.

Um ihre Funktion als dritte Haut des Menschen erfüllen zu können, sind Häuser zugleich Klimageräte. Erreichten sie diese Wirkung zunächst ausschließlich über den Witterungsschutz der Hülle, kamen bald Wärmeerzeugung und andere Energiedienstleistungen wie Kunstlicht, Elektrizität und Kälte hinzu. Mit entsprechender Energiezufuhr von außen können Innenräume immer perfekter konditioniert werden. Doch der bisher hierfür notwendigen Zufuhr von fossilen Energien sind zunehmend Grenzen gesetzt – ökologisch, wirtschaftlich wie auch unter dem Gesichtspunkt ihrer Verfügbarkeit.

Mit der Entwicklung der Klimamaschine Haus wurden in den vergangenen Jahrzehnten Einsparpotenziale und Effizienzsteigerungen entwickelt und zunehmend umgesetzt, um den thermischen Nutzungskomfort aufrecht erhalten und steigern zu können. In einem nächsten Schritt gerät nun die Energieerzeugung durch das Haus selbst in das Blickfeld.

Von der Klimamaschine zum Kraftwerk Haus

Eigentlich ist dies nahe liegend: Denn Häuser unterscheiden sich in einem ganz wesentlichen Punkt von vielen anderen Objekten unseres täglichen Bedarfs. Sie sind in aller Regel mit dem Erdboden verbunden und können oberflächennah sein gleichmäßiges Temperaturniveau oder, aus tieferen Schichten, Erdwärme nutzen. Sie stehen im freien Luftstrom, können sich somit Druckunterschiede und Windenergie zunutze machen. Sie sind dem Tageslicht ausgesetzt und können auf verschiedene Weise direkt die Hauptenergiequelle anzapfen, die uns zur Verfügung steht: die Sonne. Standortbezogen sind weitere erneuerbare Energiequellen verfügbar: Grundwasser und Fließwasser, Biomasse und -gas, um nur einige zu nennen. Unsere Gebäude erfüllen damit beste Voraussetzungen zur Nutzung dieser erneuerbaren Energiequellen.

Und nur diese Quellen werden uns auf Dauer zur Verfügung stehen. Lange Zeit als öko-ideologisch und unwirtschaftlich belächelt, sehen sich die regenerativen Energiequellen mit der Ölpreisexplosion, ersten Versorgungsunsicherheiten und der Klimadebatte im Aufwind. Man spürt, dass es dauerhaft keine Alternative zu ihrer Nutzung gibt. Gesetze und Programme wie Einspeisevergütung (EEG – Erneuerbare-Energien-Gesetz) und Fördersysteme (etwa der KfW – Kreditanstalt für Wiederaufbau) unterstützen sie durch wirtschaftliche Anreize.

Bei näherer Betrachtung wird deutlich, wie sinnvoll die Verbindung von Energieerzeugung und Gebäude ist. Denn Erzeuger und Verbraucher

MANFRED HEGGER

The House as Power Station –
the City as Integrated Power Station

Energiequellen: Sonne, Wasser, Erdwärme, Verdunstungskühle, Wind, Biomasse Energy sources: sun, water, terrestrial heat, evaporative cooling, wind, biomass

Buildings fulfil many functions. As expensive and durable objects, they tie up a large proportion of social capital for their construction and operation. They are the production plants of our social wealth. They shape our environment on a long-term basis, as well as being means of communication and representation. Yet first and foremost they are house and home to human beings: they bring security and protection, and are places of communication, reflection, and retreat.

In order to fulfil their function as a person's "third skin", houses are also climate control units. They may have managed to achieve this initially by nothing more than the weather

protection afforded by the external structure, but soon heat generation and other energy-related facilities like artificial light, electricity and cooling were added. Interiors can always be perfectly conditioned, given the appropriate energy input from outside. Limits are increasingly being set, however, to the supply of fossil fuels previously needed to do this – ecologically, economically, and in terms of their availability. With the emergence of the house as a climate machine, increasingly options for savings and efficiency improvements have also been developed and implemented, in order to maintain and increase the thermal comfort level of the occupant. The next step involves focusing on power generation by the house itself.

The house – from climate machine to power station

This is actually quite obvious, for houses differ in one very fundamental respect from many other objects that serve our daily needs. As a rule they are connected to the ground and can make use of the constant temperature level near its surface, or the heat from the deeper layers of the earth. They stand in the free air stream, which allows them to make use of pressure gradients and wind energy. They are exposed to daylight and in various ways they can tap directly into the main energy source we have at our disposal – the sun. In relation to the location, other renewable energy sources are available: ground and running water, and biomasses and gases, to name but a few. This means that our buildings meet the ideal precon-

sind identisch, die Energie wird dort erzeugt, wo sie auch benötigt wird. Zusätzliche und kostspielige Infrastrukturmaßnahmen erübrigen sich, Landschaftsverbrauch für zentrale Systeme der Energieerzeugung und -verteilung entfällt. Die Technologien zur Nutzung der Energien sind vorhanden und ausgereift, ihre Effizienz nimmt zu. Verbindet man sie mit wirksamen Systemen zur Energiebewahrung, lassen sich bereits heute die meisten Gebäude über ihre Hüllflächen ganzjährig mit Energie versorgen.

Hemmnisse und Strategien

So nahe liegend die Nutzung erneuerbarer Energiequellen durch das Gebäude auch sein mag, so gering ist derzeit noch ihr Einsatz, gerade in der Gebäudeintegration. Die Gründe hierfür sind vielfältig. Für eine Ablehnung gerade von solaren oder geothermischen Bauteilen sind oft unvollständige Modelle der Wirtschaftlichkeitsberechnung verantwortlich. Diese gehen davon aus, dass sich diese Bauteile allein über die Energieerzeugung „rechnen", obwohl sie mehrere Funktionen gleichzeitig erfüllen, etwa als Gebäudehülle und Energiegewinner oder als Fundament und zugleich Energiesammler. Man übersieht dabei, dass sich auch Granitfassaden oder Glasdächer so nicht „rechnen". Zudem basieren sie häufig auf statischen, das heißt gleichbleibenden Energiepreisen – obwohl bekannt ist, dass in den letzten zehn Jahren deren durchschnittlicher jährlicher Anstieg ca. acht Prozent betrug.

Architekten befürchten Einschränkungen ihrer Gestaltungsfreiheit, wie schon in der Diskussion um die Energieeinsparung im Zuge der Einführung der ersten Wärmeschutzverordnung zu Beginn der 1980er Jahre. Doch wie die weitere Entwicklung des energiesparenden Bauens zeigt, liegen in dieser Veränderung auch große Chancen. Sie gehen in zwei Richtungen. Architekten können, etwa über die Nutzung von Biomasse, Biogas oder Geothermie sowie über den unsichtbaren Einbau von solaren Systemen, die ihnen vertrauten Formensprachen weiter entwickeln und mit neuen Technologien zukunftsfähig machen. Sie können aber auch den sich voll-

ziehenden Paradigmenwechsel in der Energienutzung zur Entwicklung neuer Bilder für eine wohltemperierte Architektur nutzen, wie zum Beispiel durch die Nutzung der einstrahlenden Sonnenenergie oder des Windes. In Planungen und ersten realisierten Bauten werden erste Richtungsweisungen hierzu erkennbar.

Neue Anforderungen an die Planung

Eine Betrachtung des Hauses als Kraftwerk erfordert mehr Planung. Das Entwerfen wird um eine Dimension erweitert, die infolge der Verfügbarkeit fossiler Energiequellen seit Beginn des Industriezeitalters verschüttet war. Die Entwicklung energiegewinnender Häuser erfordert ein sensibleres Eingehen auf die besonderen Eigenschaften eines Standorts, eine den Entwurf weiter bereichernde Interpretation des *Genius Loci*. Standardlösungen verbieten sich, denn jede Aufgabe, jeder Standort und

Bio-Hotel im Apfelgarten, Hohenbercha – Nutzung von Abfall-Biomasse sowie der Sonne fotovoltaisch (Deppisch Architekten) Bio hotel in apple orchard, Hohenbercha – use of waste biomass and solar photovoltaic system (Deppisch Architekten)

Die Landwirtschaftskammer Münster von Werner Ruhnau und Hardt-Waltherr Hämer (1953) hat trotz umfassender, energetisch wirksamer „Nachrüstung" (u.a. Innendämmung, Wärmeschutzverglasung) durch Bastian Architekten ihr filigranes Äußeres bewahrt.

The Chamber of Agriculture in Münster by Werner Ruhnau and Hardt-Waltherr Hämer (1953) retains its filigree outward appearance despite comprehensive, energy-effective "refitting" (incl. interior insulation, insulating glazing) by Bastian Architekten.

Munster's first concrete skeleton frame with brick infill, built in 1953 by Werner Ruhnau and Hardt-Waltherr Hämer, became the role model for many office buildings to follow in the 1950s and enjoyed listed building status. While extensive alterations were permitted in the interior, the outside had to be preserved, at least in appearance. Bastian Architekten of Munster managed to pull off the feat of lowering energy consumption to 82.5 kWh/m²a without this being detectable from the elegant façade. Concrete pillars and brick infill were given internal insulation, and concrete ceilings provided with auxiliary insulation, extending from the façade into the interior by about three metres in order to eliminate thermal bridges.

The well-proportioned historic steel windows, which gave the building its nickname of "the bureaucrats' aquarium", were replaced by modern thermal insulation glazing. The architects and façade suppliers refined the special profiles for the new aluminium frames until they achieved the filigree finish of the originals. They took great care to look for exactly the right traditional shade of red for the cover trims. Only the colour of the basic profile changed from its original white to an aluminium colour, in order to make it subtly understood that this was not a refurbished original, but new building elements modelled on the original.

The first part of this essay – up to the sub-headline "Alternatives: residence in Alsdorf" – was first published in "Metamorphose" 01/2008, pp. 18f.

SUSANNE HOFMANN

Wetter und Architektur, gefühlt und gemessen

Bauen in Zeiten des Klimawandels bedeutet, auch eine stärkere entwurfliche Auseinandersetzung mit dem Wetter und seinen Phänomenen zu führen als dies bisher meist üblich ist. Häuser sollen zwar Schutz vor der Unbill der Natur bieten, uns vor Regen, Wind, Kälte und Hitze schützen. Sie sollten aber weniger als Bollwerk gegen die Natur betrachtet, sondern vielmehr mit ihr gedacht, konzipiert und gebaut werden. Denn die Einflüsse der Atmosphäre, also des Wetters, bestimmen sehr wesentlich unser Wohlbefinden. Dies sollte bei den Reformansätzen einer energetisch optimierten und dem Klimawandel angemessenen Architektur im Vordergrund stehen. Schließlich geht es hier nicht um einen büßenden Verzicht auf Lebensfreude, sondern im Gegenteil um ein neues Lebensgefühl, das ein verantwortungsvolles Bewusstsein und einen Einklang mit der Natur einschließt.

Der Gedanke, dass die Atmosphäre (verstanden im metaphorischen Sinne nach Gernot Böhme) eines Gebäudes mindestens so wichtig ist wie seine materielle Gestaltung und Ausführung, hat längst einige Verbreitung gefunden. Oft spüren wir instinktiv, wie sehr sich die Atmosphäre eines Ortes oder Raumes ganz unmittelbar auf unser Wohlbefinden auswirkt. Es gehört zu den wichtigen Aufgaben des Architekten, eine als angenehm empfundene Atmosphäre durch die – mehr oder weniger – bewusste Gestaltung der architektonischen Form, den Einsatz von Materialien und Farben, natürlicher und künstlicher Beleuchtung sowie die Einbindung in die Umgebung zu erzeugen. Trotzdem bleibt die Arbeit mit und an der Atmosphäre

eine komplexe und schwierige Angelegenheit. Denn aufgrund ihres flüchtigen Charakters entziehen sich Atmosphären naturgemäß einer Präzisierung und Bearbeitung. Gerade darin liegt aber auch eine Herausforderung.

Atmosphäre in der Kunst

In der bildenden Kunst sind schon diverse Auseinandersetzungen mit Atmosphären oder mit den Phänomenen des Wetters und deren sinnlicher oder leiblicher Wahrnehmung geführt worden, die für die Architektur beispielhaft sind. Denken wir an die vornehmlich auf unsere Emotionen abzielenden Arbeiten von Romantikern wie William Turner, der dies besonders gut in seinem Gemälde *Der Morgen nach der Sintflut* (um 1843) zum Ausdruck brachte, oder jene von Impressionisten wie Claude Monet, der in seinem Bild *Gare St. Lazare* (1877) die schönen atmosphärischen Momente eines großstädtischen Alltags, das Spiel des Lichtes in den Glasdächern des Bahnhofs und im Dampf der Lokomotiven festhalten konnte. Für Yves Klein ist der harmonische Einklang der Menschen mit der Natur und ihren Elementen Feuer, Wasser und Luft die Idee eines paradiesischen Zustands auf Erden. Seine mit verschiedenen Partnern Ende der 1950er Jahre entwickelte „Luftarchitektur" ist ein offener Raum ohne übliche architektonische Fassungen. Strömende Luft gibt dem Gelände ein großes ephemeres Dach und Luftströme dienen auch als Stühle und Betten.

Olafur Eliasson hat das Schaffen künstlicher Raumatmosphären zum Thema seiner Kunst

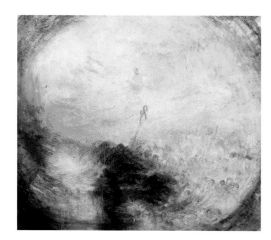

J. M. William Turner: *Licht und Farbe (Goethes Farbenlehre) – Morgen nach der Sintflut – Moses schreibt das Buch der Genesis*, um 1843   J. M. William Turner, *Light and Colour (Goethe's Theory) – The Morning after the Deluge – Moses Writing the Book of Genesis* (c. 1843)

SUSANNE HOFMANN

Weather and Architecture: Subjective and Objective

Die Baupiloten: *Winterglitzern*, Kita Traumbaum, Berlin 2005 Baupiloten: Kita Traumbaum, Berlin, 2005, "Glittering Winter"

gemacht. Dabei hebt er sehr auf die Phänomene des Wetters ab. In seinem Projekt *The New York City Waterfalls* (2008) bringt er der metropolitanen Bevölkerung nicht nur die Naturerlebnisse nahe, er thematisiert auch das Wahrnehmen natürlicher Phänomene als eine konkret leibliche Erfahrung. In der Stadt ist dies in jedem Fall eine kollektive, soziale Erfahrung, und darauf hob auch sein *weather project* (2003) in der Londoner Tate Modern ab. Hier inszenierte er mit einer künstlichen Sonne eine naturähnliche Abendstimmung im Innenraum der ehemaligen Turbinenhalle, mit der sich viele Metropoliten den Tag gemeinschaftlich versüßten.

Atmosphäre in der Architektur

Der temporäre und vor allem demonstrative Charakter solcher Aktionen hat Ende der 1960er Jahre auch einige Architekten- und Künstlergruppen zu kleineren, in ihrer atmosphärischen Wirkung aber großen Projekten animiert. So entwickelte die Gruppe Haus-Rucker-Co verschiedentlich ballonartige Gebilde als *Mind Expander*, zum Beispiel an einer Häuserfassade in der Wiener Innenstadt (1967) und noch einmal für die documenta 5 in Kassel (1972) an der Hauptfassade des Fridericianum unter dem Titel *Oase Nr. 7*. Ein wichtiger Hintergrund dieser Projekte war die damit ermöglichte Erfahrung im bestehenden Stadtraum. Reyner Banham nahm den Gedanken einer kugelförmigen autarken Raumeinheit in seinem *Environment Bubble* auf (1965). Die Versorgung der „Bubble-Bewohner" mit der notwendigen Lebensenergie und den -annehmlichkeiten sollte ein transportables „Standard-of-Living Package" sicherstellen.
Der Gedanke, künstlerische Ansätze auf die Alltagsarchitektur übertragen zu können sowie der Wunsch, die Möglichkeiten einer durch Atmosphären geleiteten Entwurfstrategie näher zu erforschen und im Praxisbezug zu testen, waren für mich im Jahr 2003 die Ausgangspunkte, das Studienprojekt „Die Baupiloten" an der Technischen Universität Berlin zu gründen. Seitdem werden in diesem Rahmen von Studieren

den unter professioneller Leitung eigenständig Baumaßnahmen entwickelt und realisiert. Dabei spielte von Anfang an das Thema Atmosphären und deren Wirkung auf die Nutzer eine große Rolle. Doch wie lässt sich etwas Flüchtiges, nur schwer zu Bestimmendes wie die Atmosphäre in den Entwurfsprozess integrieren und letztlich in gebaute Realität umsetzen?

„Nachtsensationen" in der Hauptstraße

Durchaus in Erinnerung an die Arbeiten von Reyner Banham, Haus-Rucker-Co und anderen konzipierten wir bereits im Jahr 2000 mit dem Projekt „Nachtsensationen" so etwas wie einen magischen Ort der öffentlichen Kommunikation. Die Anwohner schwelgten in der rot wallenden Luft des *Anbandlers* oder lagen im *Wolkenwagen*, um lautlos wie in einer Wolke dahinzugleiten. Sensationen im Sinne sinnlicher Erfahrungen spielten fortan in den Projekten der Baupiloten eine wesentliche Rolle. In den vielen Gesprächen mit Laien der Architektur während der Arbeit an unterschiedlichen Projekten, vor allem für Schulen und Kindergärten, wurde aber auch schnell deutlich, dass die bewusste Auseinandersetzung mit der Atmosphäre eines zu entwerfenden Gebäudes zu einem wichtigen Kommunikationsmittel werden kann, mit dem die zukünftigen Nutzer stärker ihre Vorstellungswelten einbringen und sich am Entwurfsprozess beteiligen können. Denn die Kommunikation über Atmosphären umgeht den festgelegten Code einer Architekturzeichnung und erleichtert es, auch komplexe, oft unbewusste und schwer kommunizierbare Bedürfnisse und Wünsche zum Ausdruck zu bringen. So ergab sich für uns neben dem betonten Einsatz atmosphärischer Wirkung in der Architektur, der in der Baugeschichte vielfältig zu beobachten ist und in der zeitgenössischen Architektur zum Beispiel von Peter Zumthor oder Axel Schultes zum Programm erhoben wurde, die Möglichkeit, Atmosphären auch als partizipative Entwurfsstrategie einzusetzen. Damit konnte nicht nur die in

Olafur Eliasson: *The weather project*, London, 2003
Olafur Eliasson: *The weather project*, London, 2003
The Unilever Series, Turbine Hall, Tate Modern, London
Courtesy neugerriemschneider, Berlin; Tanya Bonakdar, New York

OLAF BARTELS

A New City of the Future

Making the case for new spatial and architectural visions
for the city under climate change

Abb. 1: Die Stadt Everytown im Jahr 2036 aus dem
Film *Things to Come*, GB 1936, Regie: William Cameron
Menzies   Fig. 1: The city of Everytown in 2036, from
the film *Things to Come*, UK 1936, director: William
Cameron Menzies

Zumeist fand die Umsetzung von Stadtutopien aber auch eher als Science-Fiction in Spielfilmen ihren Niederschlag – weitaus komplexer als es in der Realität überhaupt möglich war. In William Cameron Menzies' *Things to Come* aus dem Jahr 1936 sind die moderne Architektur der Stadt „Everytown" und die neuen Möglichkeiten der Fortbewegung beispielsweise eine Verheißung für das Jahr 2036. Doch nicht alle dieser Geschichten berichteten von einer angenehmen Zukunft. In François Truffauts *Fahrenheit 451* aus dem Jahr 1966 ist das Lesen unter Strafe verboten und findet nur noch in einigen subversiven Refugien statt, die zudem in bewährter, schon zum Drehtermin historischer Bauweise entstanden sind. Von einem ähnlichen Szenario ist auch der Film *Soylent Green* (deutscher Titel: *Jahr 2022... die überleben wollen*) geprägt. In dieser 1973 erfundenen, ebenfalls nur wenig erstrebenswerten Zukunft sind lesende Intellektuelle subversive und gefährliche Elemente, die in alten, gemütlichen Häusern wohnen und schließlich eben die wissenschaftlich-technische Vision einer schönen Welt mit der schnöden Erkenntnis gefährden, dass die Menschen nach der Zerstörung ihrer natürlichen Lebensgrundlagen zu Kannibalen geworden sind. Eine geschickt inszenierte Medienwelt hält dies aber im Verborgenen und schenkt außerdem Zerstreuung. *Soylent Green* zählt als Öko-Schocker der ersten Stunde nach der Veröffentlichung des Club of Rome über die Grenzen des globalen Wachstums zu den Klassikern des Genres.

Die vergangene Zukunft der Stadt

Auch Architekten wie Richard Buckminster Fuller oder Alison und Peter Smithson gehörten in der ersten Hälfte des 20. Jahrhunderts zu den Visionären dieser Jahre. Sorgen um eine Fehlentwicklung der Gesellschaft begegneten sie mit dem Design eines neuen Lebens. Buckminster Fuller entwickelte schon Ende der 1920er Jahre mit seinem *Dymaxion House* ein Modell für das zukünftige Wohnen und mit dem *Dymaxion Car* wenig später einen Prototyp für eine energieeffiziente Fortbewegung, die er

im Laufe seines Lebens immer weiter und vor allem komplexer entwickelte. Mitte der 1950er Jahre entstand mit dem *Wichita House* eine weitere Konkretisierung dieser Gedanken. Um 1956 entwickelten Alison und Peter Smithson ihr *House of the Future*, in dem nicht nur die Elektronik und die Mechanik der Haushaltsgeräte sowie die automatische Reinigung der

Abb. 2: Das Wohnzimmer des Ehepaares Montag mit Flachbildschirm (!) in François Truffauts *Fahrenheit 451*, GB 1966   Fig. 2: The Montags' living room with flat screen TV (!) in François Truffaut's *Fahrenheit 451*, UK 1966.

Abb. 3 (rechts): Das alte Haus der subversiven Leserin brennt nach einer Intervention der „Feuerwehr" (aus *Fahrenheit 451*).   Fig. 3 (right): The old house of the subversive reader burns after the "fire brigade" intervenes, (from *Fahrenheit 451*)

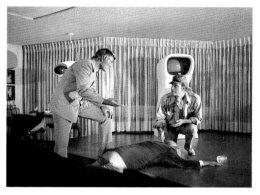

Abb. 4: Aufruhrbekämpfung infolge von Versorgungs-engpässen im New York des Jahres 2022. Szene aus dem Film *Soylent Green*, USA 1973, Regie: Richard Fleischer   Fig. 4: Riots caused by supply bottlenecks in New York in the year 2022. Scene from the film *Soylent Green*, USA 1973, director: Richard Fleischer

Abb. 5: Die Wohnung eines der wenigen reichen Stadt-bewohner mit einer Computerspielkonsole im Hinter-grund (aus *Soylent Green*)   Fig. 5: Flat belonging to one of the few affluent citizens, with computer game console in the background (from *Soylent Green*)

When asked "How will we be living in the future?" most people nowadays give a hesitant, anxious response or shrug their shoulders. The age of the great utopias seems long gone. A fair number of us would prefer to go back a few centuries, calling for a revival in building styles of the past. However, the challenge that the change in climate presents to humanity is immense. Not only will human beings have to face up to the consequences, they will also have to use every opportunity to counteract climate change, which for the most part they have caused themselves. Reducing CO_2 emissions in the construction and operation of people's housing certainly repre-sents a major contribution to this process. The use of fossil fuels has proved to be a dead end. It is threatening the world's climate, added to which their supply is already running out. Developing new renewable energy sources has become a fundamental issue for building and ur-ban development.[1] At the same time, we will have to adjust to the consequences of climate change. Both of these factors will inevitably impact on architecture and the cityscape. What is at stake is no less than a revolutionary reorientation in the way we deal with raw materials, energy and life-styles, comparable only to the huge technological upheaval generally described as the First Indus-trial Revolution. In its wake in the nineteenth and twentieth centuries came social, political and cul-tural transformations that were not only sudden and unparalleled, but are without rival today. The growth of the metropolis and the development of its particular architectural culture became part of this process, which continues today and is lead-ing to extensive problems in our dealings with the world's resources.

Science fiction in the twentieth century

New materials like steel, aluminium, and plastic, as well as an unprecedented and almost limitless mobility, were the stuff of various utopias in the last century. People indulged in scientific and technological visions that established a whole genre of its own in literature, comics, and later, especially, in film. Everything seemed achievable

through science and technology, and with the power of fossil and nuclear fuels. Man's venture into the cosmos, to other planets and, in actual fact, to the moon; the colonisation of space, seas, and deserts; and even a complete restructuring of cities could not only be conceived, but seemed within our grasp.

Some of these technical and constructivist utopias were realised, especially those that emerged around the middle of the twentieth century. These of course included many new forms of mobility and the vertical organisation of highly populated cities like New York or Hong Kong. Quite a few of the realities that arose from a euphoric vision are now causing the problems we know today. Mobility – of the individual type based on fossil fuels – is available only to a com-paratively small section of the world's population, and life in high-rise buildings is not one of its generally recognised advantages.

Mostly however, urban utopias tended to filter down as science fiction feature films, in far more complex forms than were actually possible in real life. In William Cameron Menzies' *Things to Come* (1936), the modern architecture of the city known as *Everytown* and new modes of transport hold out the promise of things to come in the year 2036 (Fig. 1). Not all of these stories, though, heralded a pleasant future. In François Truffaut's *Fahrenheit 451*, made in 1966, reading is a crimi-nal offence and only takes place in a few subver-sive hide-outs, which were built in an established architectural style that was historical even at the time of filming (Figs 2 and 3). The film *Soylent Green* features a similar scenario. In a future set in 1973 and is just as dystopic, intellectuals who read are subversive, dangerous elements living in old, comfortable buildings, and ultimately they threaten the scientific-technological-vision of a beautiful world through their awful realisation that human beings have become cannibals after their natural resources have been destroyed. The cleverly staged media keeps this under wraps, however, and in addition provides diversion. *Soylent Green*, an eco-shocker that appeared just after the first report by the Club of Rome think tank about the limits to global growth, is one of the great classics of the genre (Figs. 4 and 5).

Badelemente mit geplant waren, sondern auch die optimale Bekleidung der Bewohner. Die Häuser von Buckminster Fuller und den Smithsons waren als modulare Zellen einer größeren Siedlungsstruktur geplant. Diese architektonischen und städtebaulichen Utopien bevölkern natürlich nur glückliche Menschen. Schließlich decken sich deren Lebensvisionen exakt mit den Visionen der Architekten, die gerne auch den Menschen mit ihren Häusern neu erfunden haben.

Auch wenn diese Ideen heute eher daran gemessen werden, ob sie heutiger Realität standhalten können und dabei weniger die Gedanken an die Zukunft wecken als die Erinnerungen an die Visionen der Vergangenheit, ist ihre Kraft noch heute bemerkenswert. Eines der Schlüsseldokumente dieser Jahre ist Buckminster Fullers *Operating Manual for Spaceship Earth*, die *Bedienungsanleitung für das Raumschiff Erde* aus dem Jahr 1969.[2] Der Architekt reflektiert hier nicht nur die globalen Zusammenhänge und die daraus erwachsenden Möglichkeiten zur Kommunikation, zum Handeln oder für Verkehrsverbindungen, er zeigt auch die Endlichkeit fossiler Brennstoffe auf. Die in dieser Zeit gezeigte Weitsicht ist durchaus bemerkenswert. Fullers Ideen, Manhattan unter Glas zu halten und Harlem durch eine Batterie von Kühltürmen zu ersetzen, sind aus heutiger Sicht dagegen eher verstörend.

Die neue Zukunft der Stadt

„Häuser der Zukunft" haben seit Fuller und den Smithsons als prototypisches Design für ein neues Leben eine sehr dynamische Entwicklung genommen, die hier nicht weiter vertieft werden kann.[3] Die Kraft dieser technischen und ästhetischen Visionen beflügelt aber Architekten und Ingenieure noch heute in den Gedanken, nicht nur eine neue, den Ressourcen und dem Klimawandel adäquate Bautechnologie zu finden, sondern auch eine an entsprechenden Lebensvorstellungen orientierte Architektur zu entwickeln. Werner Sobeks Haus *R 128* in Stuttgart, 1999–2000 gebaut, steht in dieser Tradition und setzt sowohl für das energieeffi-

ziente Bauen als auch für eine entsprechende Architektur der Zukunft Maßstäbe (Abb. 8). Um die Visionen für zeitgenössische Architektur und Technologie für ein intelligentes Wohnen abzurufen, luden das Vitra Design Museum, Weil am Rhein, und das Art Center College of Design, Pasadena/USA, Architekten ein, Gedanken über das Wohnen der Zukunft in einer Ausstellung mit dem Titel *Open House* zu präsentieren.[4] Die Kuratoren Alexander von Vegesack und Jochen Eisenbrand erhielten dabei durchaus bemerkenswerte Ansätze für eine neue, auch auf den Klimawandel bezogene Architektur. So zeigt sich beispielsweise das *duneHouse* von su11 architecture+design mit seiner interaktiven Fassadenhaut, die auch Energie und Wasser produziert, als adäquates Wohnhaus in Wüstenregionen[5] und das *Jellyfish House* von IwamotoScott und Proces2 mit seinen in die Fassade integrierten Trinkwassergewinnungsanlagen als ein Pioniergebäude für neu gewonnene Landflächen.[6] Diese Entwürfe, wie auch der für die *Primitive Hut for the 21st Century* von Sean Godsell Architects[7] und andere, weniger auf den Klimawandel ausgerichtete Konzepte nahmen direkt oder indirekt Bezug auf die Hausmodelle der Zukunft aus den Werkstätten von Alison und Peter Smithson oder Richard Buckminster Fuller.

Eine ähnliche Kontinuität lässt sich auch von den utopisch wirkenden Konzepten des Büros Foster + Partners für die Stadt Masdar in Abu Dhabi (siehe auch S. 134 ff.) zu Buckminster Fullers Ansätzen ziehen. Architekten und Ingenieure planen dort eine komplett neue Stadt, die von fossiler und nuklearer Energie unabhängig sein soll. Sie bedienen sich dabei zwar auch im Wüstenklima bewährter Materialien und Bauweisen, doch allein die Planung eines so umfangreichen Siedlungskomplexes, die derzeit noch bevorstehende Entwicklung neuer, dem Klima adäquater Baumaterialien und nicht zuletzt das automatisierte, individualisierte Transportsystem muten wie Ausschnitte aus einem der oben genannten Science-Fiction-Filme an. Die mit Solarenergiesystemen überdeckten öffentlichen Räume können als eine direkte Reminiszenz an die Projekte zur Stadtüberda-

Abb. 7: *House of the Future* von Alison und Peter Smithson, 1956, Blick in den Garten   Fig. 7: *House of the Future*, by Alison and Peter Smithson, 1956, view of garden

Abb. 6: Bewohner des *House of the Future* von Alison und Peter Smithson, 1956   Fig. 6: Occupants of *House of the Future*, by Alison and Peter Smithson, 1956

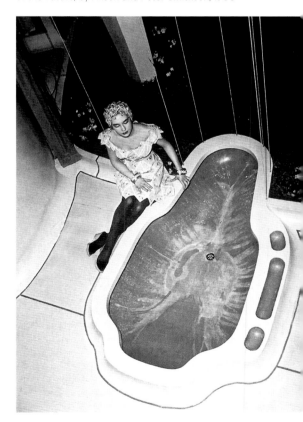

BEST PRACTICES

Innovationen aus dem In- und Ausland

BEST PRACTICES

National and international innovations

CHRISTIAN WERTHMANN

Ökologischer und informeller Städtebau - ein Vergleich

Wenn der Berufsstand der Planer und Architekten nach gebauten städtebaulichen Modellen sucht, die Stellung zum Klimawandel beziehen, weist man üblicherweise auf eine Handvoll sorgfältig geplanter und ausgeführter ökologischer Stadterweiterungen hin. Diese Beispiele wurden normalerweise formal ausgeführt und befinden sich in der nordwestlichen Hemisphäre, wie zum Beispiel die solarCity in Linz-Pichling (Österreich), Vauban in Freiburg oder Riem in München. Manchmal werden hervorragende Beispiele aus Schwellenländern, wie zum Beispiel Curitiba in Brasilien, nicht erwähnt. Informelle Siedlungen (die etwas obskure, aber weniger abfällige Bezeichnung für Elendsviertel), in denen derzeit ein Drittel unserer Stadtbevölkerung lebt, würden einem nie einfallen. Der öffentlichen und professionellen Meinung nach fallen informelle Städte ganz klar in die Kategorie urbaner Probleme und nicht die der Lösungsansätze. In der Tat scheint sich inmitten von Armut, Kriminalität und schwerer Umweltverschmutzung wenig Liebenswertes in diesen Siedlungen zu finden.

Informelle Siedlungen - ein Modell für die klimabewusste Stadt?

Aber wenn man informelle Siedlungen etwas genauer betrachtet, finden sich ausgeprägte Qualitäten von erheblicher Bedeutung, die selten beachtet werden. Wenn man sich gleichzeitig die führenden umweltbewussten Stadterweiterungen in der Ersten Welt näher ansieht, so zeigen sich auch unerfüllte Ideale. Manche dieser Ideale sind wiederum von der informellen

Stadt erreicht worden. Dies bedeutet, dass man auf der Suche nach Modellen für die klimabewusste Stadt des 21. Jahrhunderts womöglich von beiden Seiten lernen kann.

Um eines klarzustellen: Hier sollen die ernsthaften Schwierigkeiten, mit denen die Bewohner informeller Städte konfrontiert sind, weder romantisiert noch heruntergespielt werden. Es ist keine Übertreibung, dass städtische Armut neben dem Klimawandel wohl die größte globale Herausforderung unserer Zeit ist. Wir wissen, dass gegenwärtig fast eine Milliarde Menschen in Slums leben. Es wird erwartet, dass sich diese Zahl bis zum Jahr 2030 verdoppelt, es sei denn, dass umfassende Maßnahmen ergriffen werden. Somit gehören informelle Städte zu den am schnellsten wachsenden Städten der Welt. Es gibt viele Typen von informellen Städten und verschiedene Entwicklungsstufen, von akuter Armut bis hin zu relativem Wohlstand. Sie befinden sich alle in Randlagen. Ihre Größe variiert von ein paar Hundert Menschen bis zu über einer Million (zum Beispiel Ciudad Nezahualcóyotl in Mexico City) und kann zwei Drittel der gesamten Stadtbevölkerung ausmachen (zum Beispiel Caracas, Venezuela). Ihre Bevölkerungsdichte ist extrem hoch und übertrifft oft Manhattan Island, aber mit dem wesentlichen Unterschied, dass die Menschen dort in zwei- bis dreistöckigen Hütten anstelle von Hochhäusern leben. Überbevölkerung gepaart mit einem generellen Mangel an öffentlicher Infrastruktur macht die Lebensbedingungen besonders prekär. Typischerweise findet das Leben in informellen Siedlungen in engen Vierteln statt, in denen Überflutungen an der Tagesordnung sind und

CHRISTIAN WERTHMANN

Environmental and Informal Urbanism – A Comparison

Luftbilder des Barrio San Agustín, Caracas, einer *Favela* (informelle Siedlung) für rund 40.000 Menschen in der Hauptstadt Venezuelas (oben), der solarCity in Linz (4000 Einwohner, links) und des Stadtteils Vauban in Freiburg (5500 Einwohner, unten)   Aerial photos of Barrio San Agustín, Caracas, a *favela* (an informal settlement) for around 40,000 people in the capital of Venezuela (above), of the solarCity in Linz (4,000 inhabitants, left) and the city district of Vauban in Freiburg (5,500 inhabitants, below)

When the planning and design profession looks for built urban models responsive to climate change, they typically point to a handful of carefully planned and executed examples of environmentally conscious city extensions. Typically, these examples are formally executed and located in the northwestern hemisphere, such as solarCity in Linz-Pichling, Austria, or Vauban in Freiburg, and Riem in Munich, which are both in Germany. Sometimes outstanding examples in emerging economies, like Curitiba in Brazil, are mentioned. Informal cities – the somewhat obscure but non-derogative term for slum – where currently one third of our urban population lives, would never come to mind. In public and professional opinion, informal cities clearly fall into the category of urban problems and not solutions. Indeed, amid poverty, crime, and severe pollution, there seems to be little to be fond of in these settlements.

Informal cities – a model for the climate conscious city?

However, when one studies informal settlements in greater detail, there remain distinct qualities of significant value that are rarely noticed. At the same time, when one looks closely at the foremost environmentally conscious city extensions in the developed world, there are unfulfilled ideals. Some of these ideals have been achieved by the informal city. Hence, there may be an opportunity for mutual learning when it comes to finding models for the climate-conscious city of the twenty-first century.

To be clear: there is no intention to either romanticise or downplay the serious hardships with which inhabitants of informal cities are confronted. It is not an overstatement that next to climate change, urban poverty may be

Abwässer frei abfließen, Müll selten entsorgt wird sowie die Frischwasser- und Stromzufuhr aus angezapften öffentlichen Leitungen stammt und unsicher ist. Öffentliche Einrichtungen für ökonomische, kulturelle und der Freizeit dienende Aktivitäten sind gewöhnlich nicht vorhanden, was zu aller Art von Problemen führt. Zum Beispiel haben kürzliche Wellen der Gewalt das Leben in lateinamerikanischen *Favelas*[1] besonders hart gemacht. Ohne Zweifel haben informelle Städte akute Probleme. Die weltweiten Hoffnungen richten sich darauf, dass diese Städte einmal bessere soziale und ökologische Lebensbedingungen erreichen, die in etwa zu vergleichen wären mit der Transformation der europäischen Armenviertel des 19. Jahrhunderts zu heute gut integrierten und gefragten Wohngegenden.[2]

Aber hier liegt der springende Punkt: Zwischen Vermittlungsversuchen zum Klimawandel und der Beseitigung von städtischer Armut ist ein etwas seltsamer Interessenskonflikt entbrannt. Die Nationen der Ersten Welt, als größte Rohstoffkonsumenten und Treibhausgasverursacher, haben Angst vor den steigenden CO_2-Emissionen der Entwicklungsländer. Die Emissionssteigerungen, die vom Aufstieg der niedrigeren Klassen in China, Indien und Brasilien – welche sich zum ersten Mal in ihrem Leben Elektroherde, Autos und Fernseher leisten können – herrühren, bereiten der Ersten Welt besonders viel Kopfzerbrechen. In der Tat übertreffen alle CO_2-Emissionen der Dritten Welt zusammengenommen bereits diejenigen der entwickelten Staaten und werden in der vorhersehbaren Zukunft weiter steigen. Dementsprechend versuchen Politiker, CO_2-Obergrenzen mit den Schwellenländern zu vereinbaren. Lobenswerte Initiativen wie der *Clean Development Mechanism*[3] wurden ins Leben gerufen, aber die am weitesten verbreitete Meinung ist, dass die Industriestaaten die Führung übernehmen und ihrerseits einen nachhaltigen Stadtumbau betreiben sollten; dabei sollten Technologien und Infrastruktur mit niedrigen Emissionswerten entwickelt werden, die dann wiederum in die Dritte Welt exportiert bzw. von ihr kopiert werden könnten. Somit wird also das Befolgen

Erschließungsweg in der solarCity Linz (mit Wohnhäusern von Foster + Partners) und Gasse in der Favela Parque Royal, Rio de Janeiro (5000 Einwohner)
Access route in the solarCity Linz (with houses by Foster + Partners) and alley in the favela Parque Royal, Rio de Janeiro (5,000 inhabitants)

des westlichen Beispiels auf dem Wege zu größerer Nachhaltigkeit zu einer Art vorrangigem Ziel für den Rest der Welt erhoben. Dass diese Selbstüberschätzung ungerechtfertigt ist und dieser Wissenstransfer keine Einbahnstraße sein darf (zumindest was den Städtebau angeht), lässt sich anhand eines Vergleiches der umweltbewusstesten Stadtexperimente Europas mit dem informellen Städtebau Lateinamerikas belegen.

An der Spitze des umweltbewussten Städtebaus

Die Harvard Forschungsinitiative TransUrban[4] untersucht gebaute Stadterweiterungen, die an der Spitze des umweltbewussten Städtebaus stehen. Die Gruppe analysierte die kürzlich fertiggestellten Stadtteile solarCity in Linz und Vauban in Freiburg.[5] Beide Städte haben für ihre richtungweisenden Leistungen zahlreiche Auszeichnungen und Städtebaupreise erhalten. Beide Siedlungen wurden Mitte der 1990er Jahre konzipiert und beherbergen jeweils

the biggest global challenge of our time. We know that there are now nearly one billion people living in slums; unless concerted action is taken, the number is expected to double by 2030. Thus, informal cities belong to the fastest growing cities in the world. There are many types of informal cities and varying degrees of development ranging from severe poverty to relative prosperity. They are all built on marginal lands. Their size varies from a few hundred people to over a million (like Ciudad Nezahualcóyotl in Mexico City), and can account for up to two-thirds of a city's total population (like Caracas, Venezuela). Their population density is extremely high, often surpassing Manhattan Island with the crucial difference that these people live in two to three story shacks instead of high-rises. Overpopulation coupled with a general lack of public infrastructure makes living conditions especially dire. Typically, life in informal settlements is spent in tight quarters where flooding is common and sewage flows freely, garbage is rarely collected, and fresh water

and electricity supplies are pirated and insecure. Public facilities for economic, cultural or recreational activities are usually absent, causing all manner of problems. For example, recent waves of violence have made life especially hard in Latin American *favelas*.[1] There is no doubt that informal cities have severe problems. The worldwide hope is that these cities will at some point reach better social and environmental conditions, not unlike the transformation of nineteenth century European slums into well integrated and desirable neighbourhood.[2]

But here lies the crux: between the mediation efforts of climate change and the eradication of urban poverty, a somewhat curious conflict of interest has erupted. The developed nations, which are the biggest resource consumers and greenhouse gas producers, are nervous about carbon emissions increase in developing nations. The emissions increase resultant from the rising lower classes of China, India, and Brazil – who are able to afford electric stoves, cars and television sets for the first time in their lives – are particularly troublesome to the developed world. In fact, the combined CO_2 emissions of the developing world are currently surpassing the industrialised nations and will continue to rise in the foreseeable future. Accordingly, politicians seek to negotiate carbon caps with the emerging economic powers; laudable initiatives like the Clean Development Mechanism[3] were launched, but the most commonly heard argument is that the industrialised nations should lead the charge and restructure their cities in sustainable ways, inventing technology and low emission infrastructure that in turn can be exported to and copied by developing countries. Thus, following the Western example for greater sustainability is made to seem paramount for the rest of the world. That this hubris is unjustifiable and this knowledge transfer must not be a one-way street (at least for urbanism) can be ascertained by a comparison of the most ecologically conscious European city experiments with informal Latin American urbanism.

rund 3000 Einwohner. Sie sollten als bahnbrechende Gemeinden des 21. Jahrhunderts gelten: sozial divers, selbstregulierend, mit niedrigem Energieverbrauch, beschränktem Autoverkehr, auf den öffentlichen Nahverkehr orientiert, wassersparend, mit viel Freiraum, ökonomisch tragfähig und das Ganze mit hohen ästhetischen Ansprüchen. Im Hinblick auf den – verglichen mit anderen Pilotprojekten – großen Maßstab des Experiments sind die Ergebnisse bemerkenswert.

Vauban erreicht einen durchschnittlichen Heizwärmebedarf von 65 kWh/m²a (sechs Jahre bevor dies Vorschrift wurde), hat ein eigenes Blockheizkraftwerk mit Holzpelletskessel und verfügt über natürliche Belüftung durch kühlende Bergluft im Sommer. Der Stadtteil bereitet jegliches Regenwasser vor Ort auf, besitzt ein differenziertes Freiraumkonzept mit drei linearen Parks, einen Boulevard mit Mischnutzung und zwei städtische Plätze. Es gibt hinreichende öffentliche Infrastruktur mit verschiedenen Kitas, einer Grundschule und einem Gemeindezentrum. Vauban ist gut an das öffentliche Nahverkehrsnetz angeschlossen und weist 80 Prozent weniger Autos als der Rest von Freiburg auf.

Auch für solarCity gelten viele der Standards von Vauban, wie ebenso exzellente öffentliche Infrastruktur, großzügige Freiflächen, direkter Zugang zu einem regionalen Landschaftsschutzgebiet und ein äußerst gut integriertes Regenwassersystem. solarCity ist Vauban durch die stärkere Betonung auf Energiesenkung überlegen und erreicht einen erstaunlichen durchschnittlichen Wert von 37 kWh/m²a im gesamten Quartier. Zusätzliche Heiz- und Elektroenergie stammt aus einem existierenden Wärmekraftwerk (auf Erdgas/Erdöl-Basis mit 17 Prozent Biogas-Anteil). Auf dem neuen Areal läuft ein Pilotprojekt zur Abwassernutzung, mit Trennung von Gelbwasser (Urin) und Braunwasser (Fäkalien), zur Nutzung als Düngemittel in örtlichen landwirtschaftlichen Betrieben. In Sachen Transport ist solarCity weniger effizient als Vauban. Sie ist eine Neuansiedlung „auf der grünen Wiese" zehn Kilometer außerhalb von Linz und die Benutzung von Autos ist trotz

guter Anbindung an den Nahverkehr an der Tagesordnung. Gegenwärtig haben die Bewohner von solarCity im Schnitt ebenso viele Autos wie der Rest Österreichs.

Ein Mangel an sozialer Durchmischung und urbanem Gefühl

Beide Städte wurden als Vorzeigeobjekte entworfen; sie sind in der Tat lobenswerte Experimente, die versuchen, auf Stadtebene weniger Rohstoffe zu konsumieren und CO_2-Emissionen zu verursachen und gleichzeitig auf sozialer Ebene beispielgebend zu sein. Es gibt aber einige Unzulänglichkeiten, die erwähnt werden sollten: Beide Städte erreichten nicht die angestrebte Altersverteilung und soziale Mischung. Sie zogen ein recht junges Publikum an, wobei 40 Prozent der Einwohner von solarCity unter 25 Jahre alt, aber nur 6 Prozent über 65 Jahre alt waren. Vauban zog vor allem verheiratete Paare mit Kindern an – mittlere Angestellte besonders aus ausgewählten Berufsfeldern wie zum Beispiel der Kreativbranche. Nur die Hälfte der angestrebten Zahl an Arbeitern wurde erreicht. In Vauban sieht man selten ältere Leute

Oben: In Freiburg-Vauban förderte die Stadt in besonderem Maße die Einwohner-Selbstbeteiligung am Entwurfs- und Konstruktionsprozess ihrer Häuser. Above: In Freiburg-Vauban, the city considerably promoted the residents' participation in the design and construction processes of their own houses.

Rechte Seite, oben: Wohngebäude in informellen Siedlungen sind typischerweise ständigen Ausbau- und Erweiterungsprozessen unterworfen. Im Bild ein nahezu vollendetes Gebäude im Barrio San Agustín in Caracas. Right-hand page, above: Typically, residential buildings in informal settlements undergo constant processes of development and extension. The picture shows an almost finished building in Barrio San Agustín in Caracas.

Rechte Seite, unten: Viele informelle Siedlungen entwickeln sich an extrem steilen Hängen, die eigentlich als unbebaubar gelten. Die Favela Morro da Formiga in Rio de Janeiro (8000 Einwohner) überbrückt eine Höhendifferenz von 200 Metern, bei einem durchschnittlichen Gefälle von 30 Prozent. Das gesamte Baumaterial muss per Hand transportiert werden. Right-hand page, below: Many informal settlements evolve on extremely steep slopes, which are considered impossible to build on. The favela Morro da Formiga in Rio de Janeiro (8,000 inhabitants) bridges 200 metres difference in height with an average gradient of 30 percent. All the building materials have to be transported by hand.

Drei parallele Parks durchziehen Freiburg-Vauban. Sie werden von der vergleichsweise jungen Anwohnerschaft sehr intensiv genutzt.   Three parallel parks run through Freiburg-Vauban. They are used intensively by the comparatively young residents.

Notes

1 *Favela* is the Brazilian term for slum.

2 Numerous efforts are currently underway to improve poor urban areas like The UN Millennium Goal to eradicate extreme poverty by 2015, or the large loans given by the World Bank and International Monetary Fund to upgrade programs in informal cities of Latin America like the Favela Bairro Program in Rio de Janeiro. For the most recent comprehensive view see: Harvard Design Magazine, *Can Designers Improve Life in non-Formal Cities?*, Spring/Summer 2008, Number 28.

3 Clean Development Mechanism allows the industrialized nations to receive carbon credits by financing carbon reduction projects in the developing world.

4 The initiative was founded in 2004 at the Graduate School of Design at Harvard University and is led by an interdisciplinary team: Christian Werthmann, Associate Professor in Landscape Architecture, Thomas Schroepfer, Associate Professor in Architecture, and Limin Hee, Assistant Professor in Urban Design (Singapore University).

5 The results of this research are published in: Thomas Schroepfer, Christian Werthmann & Limin Hee, *TRANSURBAN Case Study 01: Vauban. Charting Experiments for Cities of the Future*. Design & Technology Report Series, Cambridge: Harvard University Graduate School of Design, 2007 and in: Thomas Schroepfer, Christian Werthmann & Limin Hee, *TRANSURBAN Case Study 02: solarCity Linz-Pichling. Charting Experiments for Cities of the Future*. Design & Technology Report Series, Cambridge: Harvard University Graduate School of Design, 2008.

6 As it is done through Brazil's *favela* upgrading projects.

7 Current *favela* upgrades in Brazil trigger the canalisation of rivers, the pumping of sewage over long distances, the build-out of oil and coal plants, and overflowing landfills.

8 DIRTY WORK was founded in 2006 by John Beardsley and Christian Werthmann at the Graduate School of Design at Harvard University.

MATTHIAS SCHULER

Städtebaulicher Rahmenplan Masdar City

In Abu Dhabi (Vereinigte Arabische Emirate) wurde im Frühjahr 2008 mit dem Bau einer Stadt begonnen, die einen neuen Standard für nachhaltigen, emissionsfreien Städtebau setzen könnte. Masdar City soll zudem Standort eines international vernetzten Instituts für die Forschung und Entwicklung regenerativer Energien werden.

Ein Team aus Architekten und Verkehrsplanern sowie Ingenieuren für Klima, Versorgungstechnik und erneuerbare Energiesysteme entwickelte einen neuartigen gesamtheitlichen Planungsansatz für nachhaltige Städteplanung. Das Büro Foster + Partners entwarf die sechs Quadratkilometer große Stadt, die nach den Prinzipien der WWF One Planet Living Sustainability Standards am Ende rund 50.000 Bewohnern Lebensraum bieten soll. Dieser Standard beinhaltet auch die festgelegten Zielwerte für den „ökologischen Fußabdruck" der Stadt. Masdar City wird die Anforderungen der zehn Nachhaltigkeitsprinzipien – *zero carbon, zero waste, sustainable transport, sustainable materials, sustainable food, sustainable water, habitats and wildlife, culture and heritage, equity and fair trade, health and happiness* – sogar noch übertreffen. Das Masdar Institute of Science and Technology soll ein führendes Forschungs- und Entwicklungszentrum für die Verwendung und Nutzung regenerativer Energiequellen werden.

Klima und Kultur – Reflektieren der örtlichen Gegebenheiten

Transsolar Energietechnik ist in dem internationalen Planungsteam für die KlimaEngineering zuständig. Ein erster Schritt des Klima-Ingenieurs ist die Analyse der Umgebungssituation und die Ausrichtung der geplanten Gebäude. Dabei werden auch die kulturellen Hintergründe untersucht und die in der Region üblichen Stadtplanungen und Gebäude genauer betrachtet. Für Masdar City stellen Dubai und Muscat die historisch entwickelten Bezugsstädte dar. In einem vergleichbaren Klima gebaut, zeigen sie bestimmte Muster: Die Gebäude sind durch sehr schmale Straßen getrennt (fast Gehwege), Plätze sind verschattet – durch diese Maßnahmen werden solare Energieeinträge minimiert.

Aus den Anpassungen der lokalen Flora und Fauna an die Umwelt in den Vereinigten Arabischen Emiraten konnten für Masdar City verschiedene Strategien identifiziert werden: Schutz vor Sonne und Staub, das Sammeln von Tau zur Wassergewinnung oder die Stoffausscheidung mit minimiertem Wasserbedarf. Alle diese Untersuchungen waren die Basis der städtebaulichen Rahmenplanung.

Ein nachhaltiger Ansatz

Die städtische Verdichtung ist die wichtigste Maßnahme für den Ansatz zur Nachhaltigkeit in Masdar City. Sie trägt am stärksten dazu bei, den Energiebedarf in dem feuchtheißen Klima gering zu halten. Der gesamte Energieverbrauch muss durch erneuerbare Energiequellen gedeckt werden und alle verwendeten Materialien müssen wiederverwertbar sein. Da die Nutzungsmöglichkeiten der Energiequellen Sonne, Wind und Geothermie begrenzt sind, muss der Bedarf an Energie reduziert werden – durch

Impressionen vom öffentlichen Raum in Masdar City mit schattenspendenden Dächern und Wasserflächen, die für die Kühlung sorgen. Der öffentliche Verkehr wird über ein fahrerloses Stadtbahnsystem abgewickelt. Impressions of public space in Masdar City showing shady roofs and areas of water that help to cool the air. Public transport is organised as a driverless urban railway system.

by lifestyle changes related to mobility, expectations of comfort, the consumption of water, energy, and materials, as well as waste generation.

Developing guidelines on energy and comfort

Generic models for streets and buildings were developed as a basis for the urban design of Masdar City. These models, which allow for evaluation and improvement, were analysed using flow simulations and daylight and shade measurements. A similar approach was applied to the initial calculations of the dynamic building load. This involved using specific construction methods, internal and external loads and building utilisation in the assumptions. The loads were recalculated on the basis of the generic building typologies that were developed; from this, the necessary adjustments were deduced to ensure that the energy required would not exceed the amount that could be produced on site.

Fresh air without heat

Banning cars with internal combustion engines from Masdar City was a decision necessitated by the carbon neutrality requirement for the project. This reduced the need for ventilation in the city, which depends on, among other things, the so-called "heat island effect", a phenomenon caused by solar radiation and urban emissions. Using an isothermal flow model, it was possible to determine the optimum layout – length and breadth – of streets. In order to examine the influence of the high solar heat ingress produced by the photovoltaic roofs on the microclimate above the city, a simplified model of a whole street was created. The results allowed conclusions to be drawn about the layout of the streets and squares. The use of detailed models made it possible to work out principles for producing a "cold island effect" to lower the ambient temperature. Additionally, a reinterpretation of the Emirates' traditional wind tower was created, which protects the street from solar radiation and wind and can be used at the same time as a form of ventilation.

Air quality requirements could be met and the local climatic conditions optimised by using proposed layout and dimensions for the city grid. Two strips of parkland will run the whole length of Masdar City. These essential fresh air corridors will allow both sea breezes and the cool night wind to permeate the city.

Light without shade

Because of the high irradiation values in Masdar City, the interior and exterior of buildings have to be shaded perceptibly, while not being too heavily blacked out. Street widths, diameters of inner courtyards, building heights, and the proportion of glass façades were all calculated with the aid of sun path diagrams, shade research, and generic building models. All of the values were compiled in a matrix in order to facilitate the development of building typologies and their configuration. Finally, extreme conditions for direct solar irradiation were calculated and analysed. The interpretation of the results led the design team to conclude that daylight provision for the buildings should be ensured via the inner courtyards, and not through apertures in the street façades. This means that the streets can be narrow, which makes it easier to achieve a thermal effect. All the inner courtyards need either flexible forms of shading, in order to protect the microclimate from high temperatures, or externally situated sun screens on the openings to the courtyard façades.

Building loads in the city

The layout of the city affects its climate, making it an important boundary condition for the building load. This in turn is determined by the configuration of the buildings, the construction style, and the user-dependent internal and external loads. This meant that each building typology required a separate form of modelling, which took account of the internal user profiles and detailed weather data. The values for air conditioning and electricity demand were identified using building simulation software and generic models. The boundary conditions

Einschränkungen der Energieversorgung

Der ursprüngliche Entwurf von Masdar City bestand aus zwei quadratischen Flächen; die größere sollte Stadtfläche sein, die kleinere ein reines Versorgungszentrum. Durch den Beschluss, das kleinere Quadrat auch für Gebäude zu nutzen, fiel ein großer Teil der für die Stromerzeugung geplanten Oberfläche weg. Wegen dieser Einschränkungen der Energieversorgung wurde ein vierter Iterationsschritt notwendig. Als Konsequenz mussten neue Randbedingungen für Bauweise und Ausstattung der Gebäude festgelegt und zusätzliche Richtlinien für die Nutzer definiert werden. Der Energiebedarf musste – entsprechend der Verringerung der erzeugten Energiemenge – reduziert werden.

Grenzen: 80 Prozent Bedarfsreduzierung

Im Vergleich zum heutigen Standard in den Vereinigten Arabischen Emiraten wird eine Reduzierung des Energiebedarfs um 80 Prozent angestrebt. Das hat gravierende Folgen für alle Gebäudetypologien, wie Büros, Laboratorien, Wohn-, Verkaufs- und Leichtindustriebauten usw. Die folgenden drei Schritte führen zu nachhaltiger Stadtentwicklung mit CO_2-neutralem Betrieb: Durch passive Gestaltungsstrategien wird der Primärenergiebedarf um 40 Prozent reduziert. Die Optimierung der Zuliefersysteme und der Energiebedarfsstrategien ermöglicht eine weitere Einsparung um 30 bis 40 Prozent. Durch erneuerbare Energien und Strategien zur aktiven Wiedergewinnung wird der Primärenergiebedarf schließlich um die restlichen 20 bis 30 Prozent gesenkt.

Fazit

Nach einer Verwirklichung der Planung könnte das Vorzeigemodell Masdar City der Nachahmung dienen und so globale Wirkung zeigen. Das Konzept einer CO_2-neutralen Stadt sollte weltweit kopiert werden.

Masdar Masterplan Development, Abu Dhabi, Vereinigte Arabische Emirate, seit 2007

Auftraggeber Masdar – Abu Dhabi Future Energy Company, Mubadala Development Company

Wirtschaftlichkeit: Ernst and Young, New York

Stadtplanung + Architektur: Foster + Partners, London

Erneuerbare Energie: E.T.A., Florenz

Klimaplanung: Transsolar Energietechnik GmbH, Stuttgart

Versorgungstechnik: WSP Group plc, London

Heizung, Lüftung, Klimatisierung: WSP Group plc, London

Verkehrsplanung: Systematica, Mailand

Baukostenkalkulation: Cyril Sweet Limited, London

Freiraumplanung: Gustafson Porter, London

Grundfläche: 600 Hektar

Bebaute Fläche: 296 Hektar

Geschossfläche: 4,8 Mio. m^2 + optional 1,2 Mio. m^2 (zweites Quadrat)

were incorporated in three iterative steps and the final building typologies were specified. The resultant values for the overall loads were also important guidelines for the design of the central systems and utilities.

Restrictions of the energy supply

The original design of Masdar City consisted of two square areas: the larger one was to be the urban zone and the smaller strictly a service centre. The decision to use the smaller square for buildings as well meant that a large section of the surface area designed for power generation was lost. A fourth iterative step was then needed as a result of these restrictions to the energy supply. Consequently new boundary conditions had to be established for the building design and fittings, and additional guidelines for users defined. The energy requirements had to be reduced in line with the decrease in the amount of energy produced.

Limits: 80% reduction in demand

The target is an 80% reduction in energy demand compared to the current level in the United Arab Emirates. This has serious consequences for all building typologies – offices, laboratories, residential housing, retail outlets and light industry units, etc. The following three steps lead to sustainable urban development based on carbon-neutral operations: reducing primary energy consumption by 40% through passive design techniques; optimising supply systems and energy consumption strategies, making a further saving of 30-40%; and finally, lowering the remaining 20-30% of primary energy consumption through renewable forms of energy and active recycling efforts.

Conclusion

Once the design has been realised, Masdar City can act as a flagship that will inspire future imitation and thus have a widespread impact. The concept of a carbon-neutral city is one that should be reproduced on a global scale.

Masdar Master Plan Development, Abu Dhabi, United Arab Emirates, from 2007

Client: Masdar – Abu Dhabi Future Energy Company, Mubadala Development Company

Business Plan: Ernst and Young, New York

Urban Design + Architecture: Foster + Partners, London

Renewable Energy: E.T.A., Florence

Climate Engineering: Transsolar Energietechnik GmbH, Stuttgart

Service Infrastructure: WSP Group plc, London

HVAC Engineer: WSP Group plc, London

Transport Planning: Systematica, Milan

Quantity Surveyor: Cyril Sweet Limited, London

Landscape Consultant: Gustafson Porter, London

Site Area: 650 hectares

Occupied Land: 296 hectares

Floor space: 4.8 million m^2 + optional 1.2 million m^2 (second square)

Gesamtansicht von Masdar City mit kompakten Siedlungsbereichen; am Stadtrand sind Flächen u.a. für saubere Industrien, für Gewerbe und runde Parkhäuser vorgesehen. Overall view of Masdar City with compact settlement areas; on the city periphery, there are projected areas incl. for clean industries, commercial use and round covered car parks.

OLAF BARTELS, OLIVER G. HAMM

Masdar - Entwicklung einer Stadt im Klimawandel

Ein Interview mit Gerard Evenden, Group Leader und Senior Partner bei Foster + Partners, London

Oliver G. Hamm (OH): Wie ist der Plan, eine neue, nachhaltige Stadt für die Vereinigten Arabischen Emirate zu erschaffen, entstanden?
Wir wurden von der Masdar Initiative angesprochen, die mehr als nur eine Stadt ist. Es war so, dass die Regierung diese Initiative gegründet hat. Sie sind um die Welt gereist und haben sich das Neueste in Sachen Nachhaltigkeit und erneuerbare Energien angesehen; und sie kamen mit der Idee zurück, eine Stadt zu erschaffen, die im Prinzip das „Silicon Valley der Regenerativen Technologien" wäre - ein Ort, an dem man alles zusammenbringen würde, um Regenerative Technologien wirklich zu untersuchen. Als Energielieferant war es für sie absolut logisch, die Führung in solch einem Vorhaben zu übernehmen.

Wir wurden dann zu einem Wettbewerb eingeladen. Unser Ausgangspunkt war die Rückbesinnung auf die historischen Städte in Arabien. Also haben wir uns diese angesehen. Obwohl diese historischen Städte in vielerlei Hinsicht als recht primitiv angesehen werden können, so sind sie doch hoch entwickelt im Hinblick auf die Art, wie sie passiv mit der Sonne umgehen, durch die Orientierung der Gebäude, durch die Art, wie ein Gebäude an das nächste angegliedert ist. Also haben wir begonnen, sie uns genauer anzusehen und haben dann wiederum zur Masdar Initiative gesagt: „Wir würden damit anfangen, die historischen Vorbilder zu betrachten und dies als Ausgangspunkt zu nehmen." Die Masdar-Mitarbeiter waren völlig einverstanden. Sie stoppten den Wettbewerb und sagten: „Schauen wir, dass wir's hinter uns bringen!" So hat es eigentlich angefangen.

Olaf Bartels (OB): Was bedeuten „nachhaltige Architektur" und „nachhaltiger Städtebau" für Foster + Partners?
Für uns gibt es drei Komponenten, die eine Stadt nachhaltig machen - dieselben Komponenten, die man auch in Erwägung ziehen muss, wenn man nur ein einzelnes Gebäude betrachtet. Diese drei Komponenten sind im Grunde Orientierung, dann die passive Haustechnik und zuletzt die aktive Haustechnik. Wenn man diese in einer Pyramide ihrer Effektivität nach betrachtet, dann ist die Orientierung die Basis der Pyramide - hier erreicht man den maximalen Nutzen im Verhältnis zu den Kosten - dann kommen die passiven Systeme, und die aktive Gebäudetechnik ist nur ein kleiner Teil an der Spitze der Pyramide. Eines ist sehr wichtig zu begreifen - ob es nun in Abu Dhabi oder irgendwo sonst auf der Welt ist: Nur wenn man diese zwei Komponenten, die Orientierung und die Passivsysteme, am Anfang in den Griff bekommt, kann man mit Technik etwas ausrichten. Das heißt, man kann nicht einfach ein Gebäude nehmen und ein paar Kollektoren und etwas Strom anschließen und hoffen, es wird schon nachhaltig werden. Man muss zuerst den Verbrauch senken. Das ist fundamental wichtig.

OH: Man könnte sagen, dass traditionelle arabische Städte nachhaltig waren. Aber wie sieht es mit einer Stadt wie Abu Dhabi aus, die der Idee des Internationalen Stils folgt?
Ich glaube, als Scheich Said den Plan für Abu Dhabi anlegte, hatte er eindeutig ein Verständnis von Umwelt. Er pflanzte Millionen von Bäumen, um das Mikroklima zu verbessern.

OLAF BARTELS, OLIVER G. HAMM

Masdar - Developing a City in Climate Change

An interview with Gerard Evenden, group leader and senior partner of Foster + Partners, London

Oliver G. Hamm (OH): What was the genesis of the plan to create a new, sustainable city for the United Arabian Emirates?

We were approached by the Masdar Initiative, which is more than just a city. What happened was that the government of Abu Dhabi set up this initiative. They traveled around the world looking at what has been done in terms of sustainability and renewable energy, and they came back with an idea to create a city that was effectively the Silicon Valley of renewables, a place where you bring everything together to really study renewables. As an energy provider it was very logical for them to take the lead in such a development.

We then were asked to take part in a competition. Our approach was to look back to historic cities in Arabia. So we looked at what they did. Despite the fact that in many ways those historic cities can be seen as fairly primitive, they are highly sophisticated in terms of the way in which they deal passively with the sun, through the orientation of the buildings, through the way one building sits against other buildings, etc. So we started looking at those in more detail and we went back to Masdar and said that the way we would approach it would be to look at what has been done historically and take that as a starting point. The people in Masdar agreed completely. They stopped the competition and said, "Let's get over with it." That was really the way it started.

Olaf Bartels (OB): What do "sustainable architecture" and "sustainable town planning" mean to Foster + Partners?

For us there are three components to making any city sustainable - the same components that you need to consider even if you're looking at a single building. Basically, those three components are orientation, the passive systems, and the active systems. If you look at those as a pyramid of benefits, orientation is the bottom of the pyramid - that's were you get to get maximum benefit versus cost - then the passive comes along, and the active is just a small piece on the top. A very important thing to realize, whether it is in Abu Dhabi or anywhere else in the world: unless you get those two components - the orientation and the passive - right in the first place, you will not deal with the technology. So you cannot just take a building and add some collectors and some power and hope that you'll make it sustainable. You have to reduce the consumption in the first place. That's fundamental.

OH: You might say traditional Arabian cities were sustainable. But how about a city like Abu Dhabi, which follows the idea of the International Style?

When Sheik Said set up the plan for Abu Dhabi, I think he clearly had an understanding of the environment. He planted millions of trees in order to improve the microclimate. The city of Abu Dhabi, which is on a single island, is quite dense. And because there's always space between the blocks, and gaps between the blocks, they shade the streets. I think there was definitely an understanding of climate and that you have to build in relation to it. I guess there is an understanding also of the harshness

Die Stadt Abu Dhabi, die auf einer einzigen Insel liegt, ist ziemlich dicht. Und weil es immer Platz zwischen den Blöcken und Lücken zwischen den Blocks gibt, verschatten sie die Straßen. Ich denke, man hat da definitiv an das Klima gedacht und dass man im Verhältnis zu ihm bauen muss. Es scheint als gäbe es dort ein Verständnis für den extremen Charakter des Klimas. Der nächste logische Schritt wird sein, von dem auszugehen, was man in Masdar hat und anzufangen, dies auf eine existierende Stadt zu übertragen – und das könnte sehr wohl Abu Dhabi sein.

OH: Aber das würde den Leuten in Abu Dhabi – oder auch China oder Europa – einen völlig anderen Lebensstil abverlangen.
Ich denke, dass jeder Mensch seinen Lebensstil unmittelbar ändern werden muss. Wir versuchen, eine bessere Stadt zu erschaffen. Und wenn wir erfolgreich sind, dann werden die Menschen eher dort als in einer herkömmlichen Stadt wohnen wollen. Zum Beispiel sind Wahlmöglichkeiten extrem wichtig. Wenn man den Leuten die Möglichkeit gibt, das Fenster zu öffnen und die Klimaanlage abzuschalten, dann gibt man ihnen verschiedene Optionen; und Optionen sind etwas gutes, Optionen machen das Leben besser, sie helfen, den Energieverbrauch zu senken.

OB: Die Menschen in Masdar werden nicht die Wahl haben, Autos zu benutzen – es wird ihnen in der ganzen Stadt nicht erlaubt sein. Welches Transportsystem bieten Sie den Bewohnern und Besuchern in Masdar an?
Es gibt da verschiedene Dinge, die wir berücksichtigen müssen. Es gibt verschiedene Verkehrsknoten, es gibt eine Light-Rail-Stadtbahn durch das Stadtzentrum. Am Rand der Stadt gibt es diese runden Bereiche, welche die Parkplätze sind. Von dort nimmt man die erste Light-Rail-Bahn ins Stadtzentrum. Als wir anfingen, öffentliche, fahrerlose Stadtbahnsysteme zu betrachten, fanden wir, dass die Interaktion mit den Passagieren ihre Schwachstelle ist. Die Technik ist da, aber sie ist nie im großen Maßstab angewendet worden. Und sie interagiert nicht gut mit den Nutzern.

Wenn man sich dann unsere Flughafenprojekte anschaut – zum Beispiel in Stansted, da haben wir den Flughafen umgedreht: Man hat diesen großen Unterbau und die ganze Andienung findet unterhalb des Flughafens statt und der ganze Fußverkehr auf der oberen Ebene. Wir haben uns dann gesagt: Warum machen wir das nicht mit einer Stadt? Wir legen das ganze Gleisverkehrssystem nach unten. Man muss nicht unter die Erde gehen – wir lassen die Menschen oben laufen und haben eine Fußgängerzone. Das heißt, das „Wüstenniveau" ist das Gleisverkehrsniveau und alle Menschen bewegen sich auf diesen Gleisen durch die Stadt – ganz so, wie sie es auch in einem Flughafen machen würden. Nun haben wir keinen Verkehr mehr auf der Straße; dies bedeutet, dass Nachbarschaften fußläufig funktionieren könnten, Kinder könnten auf der Straße sein, Radfahrer könnten sich in der Stadt bewegen etc.

OH: Den Autoverkehr auf Null zu senken hilft, das Klima zu verbessern. Was sind die anderen Voraussetzungen, um ein Leben in einem verträglichen Mikroklima zu ermöglichen?
Eigentlich haben wir angefangen, Straßennetze zu betrachten. Wenn man sich historische Städte ansieht, dann merkt man, dass die Straßen, die zum Beispiel 70 Meter lang sind, scheinbar gut funktionieren, weil sich die Luft durch die Straße hindurch bewegt. Wenn die Luft in ihrer Bewegung am Ende der Straße auf einen Widerstand, eine Wand stößt, erzeugt sie eine Turbulenz und diese Turbulenz reicht aus, einen Luftstrom in dieser Straße zu erzeugen. Aber wenn man die Straße nur auf etwa 50 Meter anlegt, gibt es keine Turbulenz und die Luft fängt sich in dieser Straße, heizt sich auf und bildet ein extremes Mikroklima. Durch die Ausbildung mehrerer „grüner Lungen" mit guter Vegetation drücken wir die Luft in die Straßen. Und dies erzeugt die Turbulenz in der Eingangsstraße. Es geht hier nebenbei nur darum, den Luftstrom aufrecht zu erhalten. Bei Nord-Süd-Orientierung wäre eine permanente Verschattung der Straßen zu erreichen. Wenn man sich für Ost-West entscheidet, hat man die Sonne immer in den Straßen. Also

Wir versuchen, eine bessere Stadt zu erschaffen. Und wenn wir erfolgreich sind, dann werden die Menschen eher dort als in einer herkömmlichen Stadt wohnen wollen.

We're trying to produce a better city. And if we're successful people want to live there more than they want to live in an existing city.

of the climate. The next logical step will be to take what people have in Masdar and begin to apply to an existing city, which could well be Abu Dhabi.

OH: But that would demand a totally different way of life from the people living in Abu Dhabi – or in China or in Europe.
I think that everybody is gonna have to change how to live immediately. We're trying to produce a better city. And if we're successful people want to live there more than they want to live in an existing city. For example choice is extremely important. If you allow people to open a window and turn off the air conditioning, you give them a choice, and choice is a good thing; choice makes your life better, it helps you reduce the energy load.

OB: The people in Masdar won't have the choice to use cars – they won't be allowed in the entire city. What kind of a transportation system do you offer the people in Masdar?
There are a number of things we have to consider. We have a number of transportation nodes, we have a light railway which runs through the center of the city. At the edges of the city we have these round areas that are the car parks. From there you'll take a first light transportation system into the city. We started looking at PRT systems (PRT = public railway transportation) which are driverless, but the downside is their interface with people. The technology exists, it just hasn't been done on a big scale. But it doesn't interface with people well.
If you then look at the work we were doing on airports, for example in Stansted where we turned the airport upside down: there is a big underground and all the servicing will be done underneath the airport and all the people will go on the top. We then said why don't we do that with a city? And we're going to move all the PRT systems underground. We don't need to excavate, we could put all people on the top and have a pedestrian zone. So the desert level is the PRT level, and all the people move across the city on these rails as just as you would in an airport. Now we no longer have traffic on the

street, which means communities could exist in a pedestrian way, children could be on the streets, cyclists could move around the city etc.

OH: Reducing car traffic to zero helps to improve the climate. What were other preliminaries to make possible living in a tolerable microclimate?
Actually, we started looking at street patterns. If you're looking at historic cities you find streets that are, for example, seventy meters long seem to work very well because the air movements in the street passes through the street. If you have a wall of resistance at the end of the street and the air passes through the street you'll get turbulence, and that turbulence is enough to suck air through the street. But if you extend the street to about fifty meters there's no air turbulence so all the air drops into the street and the street becomes hot and the microclimate goes up. By creating various green lungs with good vegetation we push the air into the streets. And that creates the turbulence of the entrance street. The whole thing behind this is to keep flushing the air.
If we had north-south orientation we could have the streets permanently shaded. If you go east-west you will have the sun in the streets all the time. So we turned it northeast-southwest, so you get some sun every day, which is good from a human point of view. At times of the day you want to see pieces of sunlight within the street. We found four to seven meters is a good street width because it guarantees shade but also some sunlight.
Then we've looked at the fabric of the buildings. We thought about heavy materials at ground level, but at the upper levels we wanted materials that react faster because we can insulate the sun. We don't want thick thermal mass materials at the top of the buildings heating up all day.

OB: What's the reason for walling the city?
The city isn't walled. It's built to the edge. The whole site of the city is seven square kilometers, and we haven't developed all the land. We've developed it as a square, as a reference to the historic city. We've fixed some

haben wir uns für eine Nordwest-Südost-Ausrichtung entschieden, wobei man jeden Tag etwas Sonne hat, was aus menschlicher Sicht am besten ist. Zu bestimmten Tageszeiten will man etwas Sonnenlicht auf der Straße. Wir fanden heraus, dass vier bis sieben Meter eine gute Straßenbreite ist, weil sie Schatten, aber auch etwas Sonne garantiert.

Dann haben wir uns der Gebäudehaut zugewandt. Wir dachten an schwere Materialien auf Erdgeschossniveau, aber in den oberen Etagen wollten wir Materialien, die schneller reagieren, weil man gegen die Sonne dämmen kann. Wir wollen weiter oben keine dicken Materialien mit hoher thermischer Masse, die sich den ganzen Tag aufheizen.

OB: Aus welchem Grund haben sie die Stadt mit einer Mauer umgeben?

Die Stadt ist nicht von einer Mauer umgeben. Sie bildet eine bauliche Kante. Die gesamte Stadtfläche beträgt sieben Quadratkilometer, wobei wir nicht das gesamte Land bebaut haben. Wir haben ein Quadrat bebaut, als Referenz an die historische Stadt. Wir haben einige Prinzipien festgelegt: Die Stadt findet innerhalb ihrer Grundstücksgrenzen statt und die gesamte Energie muss von innerhalb der Grundstücksgrenzen kommen. Es wäre ein Leichtes gewesen zu sagen: „Wir haben ein paar Quadratkilometer Land, also lasst uns in die Wüste gehen und eine riesige Solarfarm bauen, welche die ganze Energie bringt." Aber wir sagten uns, dass alles an einem Ort integriert sein müsste, damit die Leute verstehen: „Das ist hier eine wirkliche Stadt und nicht irgendein Themenpark." Wir hielten es für wichtig, dass jeder diesen Unterschied verstehen kann.

Um die Stadt von innerhalb ihrer Grenzen zu versorgen, brauchten wir Raum – für Solarenergieerzeugung, für technische Infrastruktur, Müllrecycling – aber auch für Erholung. Die „grünen Lungen" sind auch sehr wichtig. Das sind Bereiche, die zu Fuß oder mit der Bahn erreichbar sind. 56 Prozent der Bevölkerung können in einer Minute zu einer „grünen Lunge" laufen. Aber wir haben auch jede Menge Plätze.

Sehr nahe dem Stadtzentrum befindet sich das Masdar Institute. Das sollte das Herz werden. Danach haben wir den Bereich um diese Universität herum entwickelt. Wir haben eine Wohnbevölkerung von etwa 40.000 Menschen und etwa 50.000 Menschen, wenn man die Pendler hinzunimmt. Wir haben versucht, Nachbarschaften zu erschaffen. Innerhalb eines Radius von 70 Metern kann man seinen lokalen Einkaufsladen oder die private Schule finden – also alles, was Menschen zum Leben brauchen. Und an den Stadträndern haben wir Leichtindustrie in einem Technologiepark angesiedelt.

OH: Die Idee, die Grenzen der Stadt ab dem ersten Moment des Entwurfsprozesses festzulegen, bedeutet, dass die Stadt niemals erweitert werden kann.

Der Grund für die beiden Quadratformen ist, dass wir sagten: „Wir brauchen Platz, um den Energieverbrauch für den Bau der Stadt zu senken." Denn wir wollen versuchen, den Bauprozess der Stadt selbst auf die bestmögliche Weise ökologisch zu gestalten. Wir brauchen also Energie und wir brauchen dafür das ganze erste Quadrat. Das kleine Quadrat brauchen wir für ein Kraftwerk. Wenn wir einen ausreichenden Teil der Stadt gebaut haben und 80 Prozent der Dächer der Stadt bereit sind, Sonnenenergie zu speichern, dann haben wir eigentlich genug Energie und das Kraftwerk in dem kleinen Quadrat wird überflüssig und wir können es beseitigen.

Am Ende könnte das zweite Quadrat doch wachsen, weil die Technik zur Energieerzeugung vielleicht besser geworden ist und weil vielleicht auch die Methoden, die wir zur passiven Energiesenkung einsetzen, in den nächsten Jahren besser werden. Mit großer Wahrscheinlichkeit wird dies der Fall sein. Aber man muss begreifen, dass ein Teil des Baulandes übrig bleiben muss, dass man ein Gleichgewicht zwischen bebautem und unbebautem Land braucht. Wir haben auch in Betracht gezogen, dass es in der Nähe von Masdar eine Gemeinde gibt, die nicht so nachhaltig wie Masdar ist; und indem man diesen grünen Puffer anlegt, ist

principles: the city has to occur within its site boundaries, and all the energy has to come from within the site boundaries. It would have been very easy to say we've got several square kilometers, so let's go into the desert to build a huge photovoltaic farm that will bring all the power in. But we then said it has to be all in a place so that people can understand this isn't a theme park but a real city. We thought it was important that everybody could understand this balance.

In order to support the city from the site that we had, we needed a space – for the solar collection, for the installation, the waste recycling, and recreation as well. The green lungs are also very important. Those are areas you can walk to, and you can move to the PRT. Within one minute 56 per cent of the population can walk to a green lungs. But we also have all these squares. Very close to the center of the city we have the Masdar Institute. That was going to be the heart. Then we've developed around the university. We have a residential population of about 40,000 people and about 50,000 people including the commuting population. We've tried to create communities. Within a seventy meter radius you could find your way to a local shop, to the private school, to the things that people need to live. And at the edges of the city we've located light industry in a technology park.

OH: The idea to fix the limits of the city from the first moment of the design process means you never could expand the city.

The reason for the two squares is that we need this space to reduce the power to build the city, because in order to build the city we're also trying to build in the most green way possible. So we need energy and we need all of the first square. The small square we need to create an energy plant. When we've built enough of the city and 80 per cent of the roofs of the city are finished and able to collect solar energy, we then have enough power and the energy plant on the small square becomes obsolete, so we can take it away.

In the end, this second square may be able to grow because the technology that produces the energy may be better, and also the ways in which we provide the passive reduction in the energy load may be better over the next ten years. It's more than likely it will be. But people have to understand that you have to save a piece of land, that you need a balance between development and land. We also considered that next to Masdar we have another community, which is not sustainable in the same way as Masdar, and by providing this green buffer, it's almost like building New York backwards by putting Central Park at the edge.

There is a big debate on how development could be done in the future. It will be harder for architects in the future. You have to spend more time thinking about design, but you also have to think more about people.

OH: The design for Masdar is the result of a teamwork. How can you manage such a project?

For the master plan we brought together what we thought was the best team we could and the best brains available to work with us. Abu Dhabi can afford to build dreams, but we have to maintain: we have to work on a commercial approved status. And that's a continuing process that will continue through the project.

Hopefully, we don't know all the answers now. Within the process of developing we'll get a lot more answers, about how to make these thing viable, how to master the challenges of making people like it. I think we're making progress in the right direction.

OH: You already started with the construction of Masdar Institute. When will the first phase be finished?

Towards the end of next year. We are obviously pushing an extremely fast program. The overall city with six million square meters we're trying to build within seven and ten years.

OB: In a way the Masdar design reminds me of ideas from the sixties and the seventies when Richard Buckminster Fuller and Yona Friedman covered spaces like that. What do you think about their ideas?

das fast so, als würde man New York „anders herum" bauen – indem man den Central Park an den Stadtrand legt.

Es wird viel darüber debattiert, wie man in der Zukunft bauen sollte. Es wird in der Zukunft schwieriger für Architekten sein. Man muss mehr Zeit damit verbringen, über Gestaltung nachzudenken, aber man muss auch mehr über Menschen nachdenken.

OH: Der Entwurf für Masdar ist das Ergebnis der Arbeit eines Teams. Auf welche Weise managen sie solch ein Projekt?

Für den Bebauungsplan brachten wir die besten Köpfe, die wir bekommen konnten, zusammen und diejenigen, die wir für das beste Team hielten. Abu Dhabi kann es sich erlauben, Träume zu bauen, aber wir müssen festhalten, dass wir uns auf einem wirtschaftlich sanktionierten Boden bewegen müssen. Und dies ist ein fortlaufender Prozess, der uns durch das Projekt begleiten wird. Hoffentlich kennen wir zu diesem Zeitpunkt nicht alle Antworten. Im Planungsprozess werden wir viele neue Antworten darauf bekommen, wie man diese Dinge tragfähig macht, wie man es schafft, dass die Leute es mögen. Ich glaube, wir machen Fortschritte in die richtige Richtung.

OH: Sie haben bereits mit dem Bau des Masdar Institute begonnen. Wann wird die erste Phase beendet sein?

Etwa Ende nächsten Jahres. Wir forcieren natürlich einen extrem ehrgeizigen Terminplan. Wir versuchen, die gesamte Stadt mit sechs Millionen Quadratmetern in sieben bis zehn Jahren zu bauen.

OB: In gewisser Weise erinnert mich der Masdar-Entwurf an Ideen aus den Sechzigern und Siebzigern, als Richard Buckminster Fuller und Yona Friedman Projekte dieser Größenordnung entworfen haben. Was halten sie von ihren Ideen?

All die Dinge, über die sie zu jener Zeit redeten (als Norman Foster mit Richard Buckminster Fuller zusammenarbeitete), sind immer noch relevant. Für Foster + Partners ist es eine

Reise über die letzten 40 Jahre, um dahin zu kommen, wo wir jetzt mit Masdar sind. Architektonisch gesehen ist es vermutlich das herausforderndste und wichtigste Projekt der jetzigen Welt, weil niemand sonst so etwas macht. Die Probleme wurden von vielen lange diskutiert, aber Abu Dhabi hat es sich auf die Fahne geschrieben, Taten folgen zu lassen. Das Masdar Institute ist bereits im Bau. Die Leiter der Fakultäten sind benannt worden, die Forschung läuft: Der Prozess hat also begonnen. Viele Leute reden immer noch über die Probleme der Erderwärmung und des Energiekonsums, aber nicht viele tun wirklich etwas Konkretes.

OH: Wir müssen zugeben, dass Masdar nur ein Tropfen auf den heißen Stein ist – aus globaler Perspektive ist es fast nichts …

Es ist ein kleiner Schritt, aber ein viel größerer Schritt ist die Masdar Initiative. Sie expandieren bereits in Orte jenseits von Abu Dhabi.

OH: Aber der nächste Schritt – bzw. ein weiterer gleichzeitiger Schritt – müsste die Schaffung solcher Städte zum Beispiel in China sein, wo viele ähnliche Städte gebaut werden, allerdings nicht auf nachhaltige Weise.

Man muss die Regierung hinter sich haben. Das Problem mit den Reformen in Beijing ist, dass ohne staatliche Sanktionierung keine Veränderung stattfindet. Auf lokaler Ebene ändert sich dies. Wir müssen den Motor anwerfen und den Ball ins Rollen bringen. Hoffentlich ist diese Entwicklung nun unumkehrbar. Ich glaube, der nächste logische Schritt ist, womit sich Masdar bereits beschäftigt: Städte existieren bereits. Wie planen wir in der Zukunft, wie ändern wir Städte?

Wir müssen innerhalb der Stadt bauen. Denn wenn man weiterhin im Grüngürtel baut, bekommt man vielleicht ein Problem. Dies ist die Herausforderung für die Städte der Zukunft: Umbau zu nachhaltiger Architektur. Und deshalb denke ich, wird dies die Art und Weise, wie Architekten denken müssen, fundamental ändern. Professionell geplante Architektur muss den nächsten Gang einlegen …

Dies ist die Herausforderung für die Städte der Zukunft: Umbau zu nachhaltiger Architektur. Und deshalb denke ich, wird dies die Art und Weise, wie Architekten denken müssen, fundamental ändern.

All the things they talked about that time (when Norman Foster worked with Richard Buckminster Fuller) are still relevant. For Foster + Partners it has been a journey over the last forty years to get to where we are now with Masdar. Architecturally, this is probably the most challenging and the most important project in the world today because there isn't anybody doing it yet. There are people talking about problems for a long time, but Abu Dhabi is taking the lead to make it reality. We are actually on site building the Masdar Institute. The heads of faculties have been appointed, research is already on board, so the process has begun. There are plenty of people still talking about the problems of global warming and of energy consumption, but there aren't many people doing anything really appointed.

OH: We have to admit that Masdar is just "a drop on the hot stone" - from a global point of view, it's almost nothing ...
It's a small step, but a much bigger step is the Masdar Initiative. They're already stretching out to areas beyond Abu Dhabi.

OH: But the next step - or another step at the same time - had to be the creation of such cities, for example, in China where a lot of cities are being built but not in a sustainable matter.
You have to have the government behind you. The problem with Beijing's change is that without government legislation change doesn't occur. Locally it's changing. We have to start the engine and get the ball rolling. Hopefully, this is now a development that is unstoppable. I think the next logical step is what Masdar has also started to look at: cities do already exist. How do we develop in the future, how do we change cities?
We have to build within the city. Because if you carry on building in the green belt, you will have a problem. That's the challenge for cities in the future: redeveloping to sustainable architecture. And that's why I think this is going to change fundamentally the way architects have to think. Professional architecture needs to move up to another gear ...

That's the challenge for cities in the future: redeveloping to sustainable architecture. And that's why I think this is going to change fundamentally the way architects have to think.

DIRK MEYHÖFER

Zurück zur architektonischen Lösung

Bauen im Klimawandel muss kreativ bleiben

Große Probleme setzen Ideen und Fantasien frei. So wie bei einem der Pioniere der sogenannten *green buildings*, Ken Yeang, Architekturprofessor aus Singapur. Er hat ganze Städte und Hochhäuser entworfen, die mitten in den Tropen durch natürliche Klimaanlagen wie Pflanzenwälle und Wasserfälle gekühlt werden und darüber hinaus durch Solaranlagen und Regenwasserfilterung fast die Hälfte des eigenen Energie- und Wasserbedarfs selbst decken. Yeang erfand einen griffigen Begriff für seinen Beruf: „vegi.tect". Man ahnt, was dahintersteckt: der Wunsch, interdisziplinär die Grenzen zwischen Bauen und Ökologie aufzulösen und im Sinne von natürlicher Ressourcennutzung gut und gleichzeitig schön zu bauen. Seine Zauberhäuser, darunter auch das atemberaubende EDITT Project in Singapur, wirken futuristisch und schlagen trotzdem buchstäblich Wurzeln, alles zusammen eine abenteuerliche Mischung aus Wald und Glas. Scheinbar eine einfache Gleichung: Aus guten Erfahrungen mit Low-Tech-Anwendungen, gekoppelt mit neuesten High-Tech-Materialien und Bauteilen, ergibt sich eine vernünftige und attraktive Ökoarchitektur.

Zero energy, zero emission, zero waste – Architekten unter Zugzwang

Es ist ein Thema, das polarisiert: Nachhaltige, energieeffiziente Architektur habe sich zuallererst dem Ziel unterzuordnen, keine Energie zu verbrauchen, keine Emissionen zu verursachen und keinen Abfall zu hinterlassen – sagen die einen. Die anderen entgegnen: Gute und vernünftige Architektur sei a priori nachhaltig. Es läuft auf einen alten Konflikt hinaus: Zwischen jenen, die messen und vergleichen, und jenen, die eine Idee kreativ gestalten wollen. Im Gegensatz zum dynamischen Auto, das in Bewegung seine Dienste erbringt, erwartet man von einer Immobilie inzwischen, dass sie nicht nur keine Energie verbraucht (bzw. nicht mehr, als sie selbst produziert), sondern sogar Energie liefert. Also: Nicht nur ein Nullenergiehaus, sondern ein Plusenergiehaus soll es sein! Dabei bleibt es nicht: Außer *zero energy* wird zunehmend auch *zero emission* und *zero waste* gefordert. Gebäude sollen keine schädlichen Emissionen abgeben und sollen auch noch vollständig wiederverwertbar sein. Die sich explosionsartig nach oben entwickelnden Kosten für fossile Energieträger und die wachsenden Kosten für Rohstoffe wie Stahl haben die Debatte noch zusätzlich verschärft – und vielleicht unseren Blick fürs Wesentliche vernebelt. Das Repertoire der Energieeinsparungsmöglichkeiten ist, so muss man anerkennend anmerken, ebenfalls angewachsen. Umfassende Wärmedämmung ist inzwischen beim Wohnungsbau selbstverständlich, der Einbau von Kühldecken und die Nutzung von Fotovoltaik ist im Bürohausbau fast Standard. Regenwasser wird aufgefangen und zur Kühlung benutzt, alternative und regenerative Energien haben Einzug gehalten. Und man geht noch weiter: Genaue Energiebilanzen über die Herstellung, den Transport und Einbau bis hin zum Abriss von Bauteilen und den Betrieb von Gebäuden werden geführt. Die Europäische Union und die einzelnen Mitgliedsländer sorgen für gesetz-

DIRK MEYHÖFER

Back to an Architectural Solution

Building in a time of climate change must still be creative

Big problems unleash ideas and imagination. One example is a pioneer of so-called *green buildings*, Ken Yeang, a professor of architecture in Singapore. He has designed cities and skyscrapers in the deepest tropics that are cooled by natural air conditioning in the form of plant walls and waterfalls, and, in addition, meet almost half of their own energy and water needs through solar installations and rainwater filtering systems. Yeang invented a catchy term for his profession: "vegi.tect". You can guess what underpins this concept: the desire to dissolve interdisciplinary boundaries between building and ecology, and to build well using natural resources while at the same time creating something beautiful. His magical houses, including the breathtaking EDITT project in Singapore, appear futuristic and yet are firmly rooted, literally, in an altogether exciting mixture of forest and glass. A simple equation apparently: an eco-architecture that makes sense and is good to look at is derived from rewarding experiences of using low-tech applications, coupled with the latest high-tech materials and building elements.

Zero energy, zero emissions, zero waste – forcing architects' hands

It is an issue that polarises opinion: some say that sustainable, energy-efficient architecture should above all be subordinate to the aim of not using any energy, not causing any emissions, and not leaving behind any waste. Others counter this by saying that good, intelligent architecture is by its very nature sustainable.

It comes down to an old battle: between those who measure and compare, and those who want to come up with a creative idea. In contrast to the dynamic automobile, which renders its services through movement, a property is now expected not just to use no energy at all (or rather no more than it produces itself) but also to supply energy. So in fact it is meant to be not only a zero-energy house, but also a surplus-energy house!

It does not stop there: apart from *zero energy* there is also an increasing demand for *zero emissions* and *zero waste*. Buildings are not supposed to give off harmful emissions, and are also meant to be completely recyclable. The escalation in fossil fuel prices and the rising costs of raw materials such as steel have sharpened the debate even more, and perhaps clouded our judgement about the basics.

It has to be acknowledged that the repertoire of energy-saving options has also expanded. Thermal insulation throughout is now standard in homes, and integrated cooling ceilings and the use of photovoltaic systems is practically *de rigueur* in office building. Rainwater is collected and used for cooling, and alternative and renewable energy sources have arrived. And even more inroads are being made: precise energy balances are being carried out, from production, transport and installation to the demolition of building components and building operations. The European Union and individual member states ensure tightening of legislation to put a stop to any reckless waste of energy and unnecessary CO_2 emissions. But where does the reasonable limit lie, and what is just mischief?

T. R. Hamzah & Yeang International: *EDITT Tower*, Singapur, seit 1998 (Wettbewerbsentwurf) T. R. Hamzah & Yeang International: EDITT Tower, Singapore, from 1998 (design for competition)

liche Verschärfungen, damit leichtsinnige Energieverschwendung und unnötige CO_2-Emissionen ein Ende finden. Aber wo liegt die Grenze der Vernunft, was ist Unfug?

Die Rolle des Architekten neu definieren, die Arbeitsfelder ausweiten

Zwar ist das Bauen berechenbar geworden und drückt sich heute zeitgemäß in einer beherrschbaren Excel-Tabelle aus, aber gerade das reizte die führende deutsche Architekturzeitschrift für Architekturtheorie *Arch+* in ihrem Themenheft „Architektur im Klimawandel" (Nr. 184) zum Widerspruch: „Wen interessiert Gebäudetechnik? Eine Messehalle voller Wärmepumpen lässt vielleicht das Herz eines Technikfreaks höher schlagen, aber der ‚normale' Architekt wird sich gleichermaßen unter- wie überfordert fühlen und vermutlich langweilen." Was sich unter dem Druck des Energiesparens anbahne, schreibt *Arch+*, „sei eine Verschiebung der Gewichte in der Waagschale der Architektur: Die ist vor allem der Objekthaftigkeit von Gebäuden verpflichtet, die in der einzigartigen Qualität ihrer Form kulminiert. Daran hat sich wenig geändert."[1]
Falsch – die Bedingungen ändern sich rapide. Wenn die Architekten nicht umdenken, weiterdenken, neu denken und ihren angeschlagenen Status „als Künstler" überdenken, können sie nicht länger Moderator und Schlüsselfigur am Bau sein. Das *Arch+* -Heft sollte deswegen als Weckruf für alle Architekten gedacht sein, die angestammten Positionen durch neue architektonische Strategien, Systeme und Strukturen architektonischen Denkens kreativ zu untermauern und sie gegen eine zunehmende „Excelisierung" zu setzen. Eine davon sind neue Allianzen: also eine sich neu formierende kollektive Kreativität von Architekten, Ingenieuren, Bauphysikern, Immobilienkaufleuten, Juristen und Facility-Managern. Es bedarf intelligenter Gegenmodelle gegen Regulierungen und Regeln, also einer ausschließlich mathematischen und restriktiven Verarbeitung von Architektur, deren Herold die anwachsende Zahl von sogenannten Zertifizierungen ist. So haben die US-Amerikaner LEED erfunden, das sich in einer kleinen, feinen Urkunde niederschlägt, die sich der Firmenchef oder Investor hinter seinen Schreibtisch hängt.

Ohne Zertifizierung geht gar nichts mehr

LEED (Leadership in Energy and Environmental Design) ist ein sehr amerikanisches Bewertungsverfahren: Es kommt mehr auf die Urkunde als auf den Inhalt an. LEED zielt darauf ab, „gesündere" und ressourcenwirksamere Bauten zu schaffen. „Die Ziele von LEED sind, mit einem herkömmlichen standardisierten Bewertungssystem die Nachhaltigkeit zu definieren, für integrierte, ganzheitliche Entwurfspraktiken zu werben [und] das Bewusstsein der Konsumenten in Bezug auf den Nutzen nachhaltiger Gebäude zu erhöhen [...]."[2] Ob LEED als Entwurfsleitfaden für die Planer gelten kann, um ökologische Kriterien in den Gebäudeentwurf einzubeziehen, darf mit Fug und Recht bezweifelt werden. Denn die meisten der seit dem Jahr 2000 durch LEED zertifizierten mehr als 1400 Projekte sind nicht evaluiert worden,

Stefan Forster Architekten: Stadtvillen in Leinefelde/Thüringen 2001-2004. Umbau einer ehemals fast 200 Meter langen Plattenbauzeile   Stefan Forster Architekten: City villas in Leinefelde/Thuringia, 2001-2004. Refurbishment of original 200 metre long, prefabricated slab block

Gerd Wingårdh: Wissenschaftszentrum *Universeum*,
Göteborg (Schweden) 1999-2001   Gerd Wingårdh:
"Universeum" science centre, Göteborg (Sweden),
1999-2001

conservatories; no more covering, but instead
use light and the sun as ways of saving energy.
Munich-based Thomas Jocher demonstrated,
using examples from the Munich "Werkbund-
siedlung" (a cultural settlement proposed but
not realised), how the basic starting point for a
sustainable house is the meaningful exploration
of ways of improving the density of urban development. And the Stuttgart architect, Stefan
Behnisch, who creates pioneering ecological

office and institutional buildings in the USA,
Canada, Germany and the Netherlands (e.g.,
for the biotech giant Genzyme in Cambridge,
USA, or the new Unilever building and Marco
Polo Tower in HafenCity Hamburg), knows that
the Germans are approximately three years
ahead in terms of development, but that "the
Americans will be able to overtake us if we fail
to produce a more open architectural approach
out of the obligation to save energy".

... gekoppelt an ein Symposium mit großem Erkenntnisgewinn

Alexander Rudolphi eröffnete die Perspektive auf das neue deutsche Zertifizierungsverfahren der Deutschen Gesellschaft für nachhaltiges Bauen, das umfassender als die bisherigen Verfahren wie beispielsweise LEED auch die ganzheitliche Sicht unter Berücksichtigung der Lebenszyklen und der Auswirkungen von Gebäuden auf die lokale Umgebung mit einbezieht. Hier nun wird ein Zertifizierungsverfahren endlich als System verstanden und bleibt nicht beim Check einzelner Komponenten stehen (Alexander Rudolphi hat schon ein ähnliches Verfahren für die HafenCity GmbH entwickelt).

Fast in allen Referaten wurde deutlich, dass wir noch am Anfang einer Bewegung stehen. Die meisten der Vorzeigebauten, die sich mit den Präfixen „green" oder „Öko" schmücken, sind noch nicht evaluiert, oder zumindest durften Ergebnisse bisher nicht veröffentlich werden, weil die Zahlen häufig schlechter sind, als Architekt und Bauherr es annahmen. Zahlen lügen nicht, können allerdings unterschiedlich interpretiert werden, deswegen werden Ergebnisse häufig zurückgehalten. Auch einzelne Probleme verschieben sich in ihrer Durchschlagskraft. Was häufig schmerzt, ist der heute immer noch zu hohe Strombedarf, weniger der Verbrauch von fossilen Energien. Norbert Fisch wies darauf hin, dass einige bisher hochgelobte

Unilever-Hauptverwaltung und Marco Polo Tower, Hamburg (im Bau) Unilever Headquarter and Marco Polo Tower, Hamburg (under construction)

Offering a solution: an interdisciplinary workshop, "Architecture and climate change", ...

A mixture of duty, responsibility and fantastic opportunity are the reasons why we have to seek out and find new architectural strategies and systems in order to make sustainable advances in the quality of architecture in a time of climate change. For this reason, IBA Hamburg and HafenCity Hamburg organised an interdisciplinary workshop at the end of August 2008; its aim was to go beyond slogans and rigid terms like the "passive or zero energy house" and the aesthetically challenging frenzy for heat insulation, in order to work out new possibilities for a climate-responsive architecture that could also act as a role model beyond Hamburg itself. The experiment of holding a joint event combining a symposium and workshop was extremely successful. A two-day symposium (*the input*) was directly linked to an architecture workshop (*the output*) under the same roof, at Wilhelmsburg. Top-class speakers took care of the input: architects like Stefan Forster, Winfried Brenne, Manfred Hegger, Justus Pysall, Peter Ruge and Fredo Wiescholek came together with engineers, structural engineers, relevant specialists and lawyers like Norbert Fisch, Alexander Rudolphi, Klaus Daniels, Sören Vollert and Klaus-Martin Groth. In the words of Manfred Hegger: "A remarkably exciting event, because the architects who produced the improvised designs for no fee were compensated with a great mass of fresh and exceptional information." So it was a win-win situation.

Summarising the content of the symposium in just a few paragraphs would be downright negligent; instead, a separate account should be consulted.[3] A few important aspects should, however, be debated here as well.

... coupled with a symposium full of insights

Alexander Rudolphi started by looking at the German Sustainable Building Council's new certification process, which involves a holistic view (more so than previous procedures such as LEED did) that takes into account life cycles and the impact of buildings on the local environment. So here is a certification process that is now understood systematically; it does not just stop at being a checklist of individual components (Alexander Rudolphi has already developed a similar process for HafenCity GmbH). In just about every presentation it became clear that we are just starting out on this exercise. Most of the model buildings that adopt the prefixes "green" or "eco-" have not yet been evaluated, or at least the results have yet to be published, for the figures are often much worse than the architect and client envisaged. Figures don't lie, but they are subject to different interpretations, and this is why results are frequently held back. And some problem areas force themselves into the spotlight. What often causes a headache is the high energy demand in evidence even now, rather than the use of fossil fuels. Norbert Fisch pointed out that some model buildings by world-famous architects, highly praised until now, have revealed themselves to be energy graveyards; and that we possibly do not have the right tools or properly qualified facility managers and/or energy designers, so we must make sure that we do get hold of them once and for all. On the other hand, what we do have is plenty of untapped potential for energy saving that has to be secured, for instance by the smart application of air conditioning.

Klaus Daniels summarised the substance of the symposium's messages in the following statement: "In future it will be vital for engineers in the energy management sector to collaborate closely with structural engineers, façade designers, and architects, in order to develop houses that satisfy future demands for minimal energy requirements; the application of renewable energies must also find its way onto and into buildings as an integral part of the architecture." This symposium was living proof that these engineers do already exist. Daniels dipped into many of the working groups and acted as a special adviser on site.

The presentations themselves were based on a thesis – antithesis structure. This allowed

Vorbildbauten von weltbekannten Architekten sich inzwischen als Energiefriedhöfe entpuppt haben. Und dass wir möglicherweise noch nicht über die richtigen Werkzeuge und auch nicht über wirklich qualifizierte Facility-Manager / Energie-Designer verfügen und deswegen dafür zu sorgen haben, dass es sie endlich gibt. Was es hingegen gibt, sind viele unbekannte Energiesparpotenziale, die gesichert werden müssen – beispielsweise bei klugem Einsatz der Lüftung. Klaus Daniels fasste in einem Statement große Teile der Symposiums-Botschaften so zusammen: „In Zukunft wird es dringend notwendig sein, dass Ingenieure im Bereich Energiewirtschaft mit Bauphysikern, Fassadenplanern und Architekten eng zusammenarbeiten, um Häuser zu entwickeln, die den zukünftigen Ansprüchen an einen minimalen Energiebedarf genügen, und dass zusätzlich der Einsatz erneuerbarer Energien an und im Gebäude als integraler Bestandteil der Architektur Eingang findet." Der Kongress war ein gelebtes Beispiel dafür, dass es diese Ingenieure schon gibt. Daniels tauchte in vielen Entwurfsgruppen auf und betätigte sich als Fachberater vor Ort.

Die Referate selbst waren auf der Basis von These und Gegenthese angelegt. Sie erlaubten es, im Dialog aus der jeweiligen Sicht der Dinge zu argumentieren. So wurde Architektur im Klimawandel in all ihren Entwicklungslinien sichtbar, die weit über ausschließlich bauliche Probleme hinausgehen.

Neue bauliche Dichte und festere Baukörperformen

Das Ergebnis der entwerfenden Arbeitsgruppen des Workshops lässt sich in einer Kernaussage zusammenfassen: Wenn Aspekte des lokalen Mikroklimas (in der Hafenlandschaft Hamburgs und auf den Elbinseln sehr spezifisch in seiner stürmischen Äußerung und der latenten Hochwassergefahr spürbar) von Beginn an in Entwurfsfragen des Städtebaus und der Architektur insistieren, führt dies zu neuer baulicher Dichte und auch zu festeren Baukörperformen. In den Entwürfen aller drei Gruppen, die sich mit dem Thema Neubau beschäftigten, ist der

Zug zur Kompaktheit, also auch zu Landschaft schonenden Bauformen sichtbar. Damit wird auch dem Hamburger Wunsch nach Nachverdichtung bereits bestehender Bauflächen Rechnung getragen. Regenerative Energien und relevante Wärmedämmstandards wurden als Stichwortgeber und Ideenlieferanten für die neue Architektur im Klimawandel verstanden: Insbesondere die experimentellen Entwürfe für die Neue Mitte Wilhelmsburg bewiesen, dass Entwurfsfrische und Vernunft zusammen ein neues Bild der Stadt des 21. Jahrhunderts liefern können. Auch die vier Entwürfe zum Arbeiten im Bestand (also dort, wo – wie das Symposium feststellte – die weitaus größeren Energiesparpotenziale liegen als beim Neubau) überraschten durch übergreifende Ideen und den Willen, schützenswerte Fassaden durch interne Maßnahmen zu erhalten und weniger qualitative Fassaden durch neue Ideen aufzuwerten.

Hamburger Thesen zum klimagerechten Bauen

In einer weiteren Gruppe, die sich besonders der integrativen Zusammenarbeit unterschiedlicher Fachleute widmete, entstanden zwölf *Hamburger Thesen zum klimagerechten Bauen*:[4] „Hamburg, insbesondere der im Zentrum der Internationalen Bauausstellung stehende Stadtteil Wilhelmsburg, ist den Folgen des Klimawandels in besonderer Weise ausgesetzt und nicht zuletzt aufgrund seiner Geschichte besonders sensibilisiert", heißt es dort. Die Freie und Hansestadt und mit ihr IBA und HafenCity wollen Vorreiter beim Emanzipationsprozess der Stadt von den fossilen Energieträgern werden. Mit dem Klimaschutzkonzept 2007 und der vorgesehenen Reduzierung von zwei Millionen Tonnen CO_2 pro Jahr hat Hamburg bereits ein deutliches politisches Signal gesetzt. Die Teilnehmer des gemeinsamen Labors von HafenCity und IBA, die hierzu ein Thesenpapier erarbeitet haben, erwarten, dass sich die politischen Gremien und Fachbehörden Hamburgs konstruktiv damit auseinandersetzen, die Thesen breit öffentlich diskutieren und

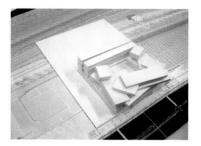
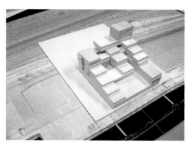

Findung der Baukörperlichkeit
Determining the buildings' physicality

Working groups 1a and 1b: a dense mix on Baakenhafen on the east side of HafenCity

For Baakenhafen, on the east side of HafenCity, high-density, mixed-use building typologies should be developed for energy-efficient and climate-responsive buildings. The priority in terms of design is the architectural formulation of a basic urban ground figure for the property in question. A range of different spatial qualities present themselves in the spatial sequence from Versmannstrasse, Baakenhafen, to Baakenwerder and as far as Norderelbe; there are also specific requirements in terms of noise protection and alignment to the water. How do the technical demands and the typological approaches for mixed urban use (which fit in with the terms of reference) interact with each other? Could they possibly lead to a new and specific formal language for climate-responsive architecture? What suggestions for density are reasonable, or rather imperative, in a new climate-related debate?

Breaking up the block

Working group 1a worked on the northern section. They responded to the complex situation (harbour basin, through traffic, railway lines, wind, etc.) and the requirement for an urban mix with a fundamental, wide-ranging discussion about buildings, from which much benefit was gained. This entailed looking back to large-scale structures beyond the hierarchy of blocks and lots. The broken-up block structure is staggered and mixed in with bold open spaces – the key to a climate-responsive small-town area! The KfW-40 standard is mandatory, and solar thermal and photovoltaic systems make sense here. Perhaps car sharing with electronic cars will soon become the city norm as well?

Authors

Martin Boden, Code Unique Architekten
Kerstin Burkard, FH Münster
Ole Flemming, bof architekten
Kathleen Haak, Poitiers Architekten
Ulrich Hahnefeld, SHE_Architekten
Juan Hidalgo and Christoph Winkler, SEHW Architekten
Heske Hochgürtel and Norbert Hochgürtel, Lohse Architekten
Rolf Kellner, überNormalNull
Siggi Kraus, BSU Hamburg
Ellen Kristina Krause, Kawahara Krause Architects
Hans Christian Lied, IBA Hamburg GmbH
Jan Löhrs, Spine Architects
Prof. Helga Sternkopf, Martens-Sternkopf Architekten
Andreas Wieland, EUROLAND Projektierungen

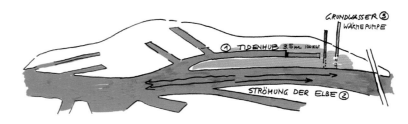

Freiraumideen und Hochwasserschutz
Open space ideas and flood protection

Nachdenken über die Ressource Wasser
Thoughts on water as a resource

Elbterrassen

Die Bearbeiter des südlich anschließenden Gebietes setzten ähnliche Schwerpunkte. Ein großer Teil der Zeit wurde für die Klärung der energetisch klimaorientierten Randbedingungen eines ehemaligen Hafengeländes und seiner freiräumlichen Potenziale verwendet. Dabei soll die Stadtkante zur Norderelbe und zum Baakenhafen Prägnanz entwickeln und Strahlkraft in die Weite des Fluss- und Stadtraumes. Die erarbeitete terrassierte Hügelform ergibt sich letztendlich nicht nur aus funktionaler, sondern auch aus klimatischer Logik. Die Verfasser sprechen hier auch von einem „virtuellen Kraftwerk", denn in der Addition von energieerzeugenden Maßnahmen (zum Beispiel HafenCity Gold für Bürobau Passivhausstandard u. v. a.) ergibt sich der Ansatz vom städtischen Block, der keine Energie mehr verbraucht, sondern sie erzeugen kann – für ihn selbst und andere Nutzer.

Verfasser

Nicola Bruns, Gartenlabor Landschaftsarchitekten, Hamburg

Prof. Paolo Fusi, Fusi & Ammann Architekten / HafenCity Universität, Hamburg

Jürgen Johner, Herzog & de Meuron, Basel / Hamburg

Arend Kölsch, Fusi & Ammann Architekten, Hamburg

Anne Niehüser, Cityförster – Netzwerk für Architektur, Berlin

Peter Olbert, Architekt, Hamburg

Justus Pysall, Pysall Ruge Architekten, Berlin

Karin Renner, Renner Hainke Wirth Architekten, Hamburg

Christoph Roselius, eins:eins architekten, Hamburg

Dr. Torsten Warner, Ebert-Ingenieure, Hamburg

Ando Yoo, Gartenlabor Landschaftsarchitekten, Hamburg

Input

Prof. Klaus Daniels, HL-Technik Engineering, München

Dieter Polkowski, Projektgruppe HafenCity, BSU Hamburg

Jürgen Rux, HafenCity Hamburg GmbH

Hape Schneider, HafenCity Hamburg GmbH

"The Plug": Vorbilder (oben)
"The Plug": models (above)

Auf dem Weg zur Form (oben rechts)
The way towards form (above, right)

Wohnliche Vorderseite und das Kraftwerk in der
Hinterhand (rechts)   Residential front and the power
station at the back (right)

Architecture under climate change = compact building

Thinking in compact terms, short routes to homes and lifestyle, exploiting the unexpected possibilities of an efficient building envelope – this is the brief description of the design for Neue Mitte Wilhelmsburg, on a mound site appropriate for Elbe island. So it is possible to live with restrictions in a compact model district at the gates of the igs park, where noise barriers quite naturally become bands of solar units.

Authors
Loosen, Rüschoff + Winkler
Hatzius Sarramona Architekten

"The Plug"

Energy is produced from noise. And energy is meant to be visible here! The proposal is fascinating: the age of energy saving creates its own aesthetic. Just as modernism tried to make a home into a machine for living, climate change demands its own architectural image – it is entirely appropriate in the context of the IBA's willingness to try new things. Generation, storage and consumption are constructed in an independent supply and disposal section for each individual house. It was still a project outline in the workshop, but there can be no doubt that this preliminary sketch can not only be built, but is also a great visualisation for the new age of climate change.

Authors
Sanna Richter, Cityförster – Netzwerk für Architektur
Julian Hillenkamp, eins:eins architekten
Neil Winstanley, Spine Architects
Julian Petrin, Urbanista

Art eats up noise

Here too is the living proof that climate-conscious architecture does not have to be boring, but instead draws its energy from the realm of the imagination. In a mixture of audacity and common sense, a way was found to design a sweeping form that goes beyond the ridiculous wrapping of heat insulation. The unrealistic aspects of this idea were proved to be viable in the presentation through the use of reference buildings and building materials.

Authors
Petra Benthien
Georg Conradi

Wohnhaus Peter-Beenck-Straße 65 in Wilhelmsburg: Das ursprüngliche Backsteinkleid wird wieder sichtbar gemacht.
House at Peter-Beenck-Strasse 65 in Wilhelmsburg: the original brick facing is uncovered.

Arbeitsgruppe 3: Bauen im Hamburger Bestand – Backstein und Nachhaltigkeit

Die Zahl der Gebäudesanierungen wird in Zukunft aufgrund der steigenden Energiepreise und der nachgewiesenen Klimaveränderungen stark zunehmen. Es ist zu befürchten, dass viele der identitätsstiftenden gründerzeitlichen und, z. B. in Hamburg, der Backsteinbauten ihr Gesicht verlieren werden und somit das Stadtbild erheblich geschwächt wird. Dies muss verhindert werden. Der schonende Umgang mit der Primärenergie ist unvermeidlich und es müssen in Zukunft regenerative Energien vermehrt oder gar ausschließlich eingesetzt werden. Die Konsequenzen auf die Baukultur und insbesondere auf die Bestandsgebäude werden erheblich sein. Im Workshop sollten Szenarien entwickelt werden, die dem Anspruch an Baukultur auf der einen und dem dringenden Bedarf an Modernisierung/Sanierung auf der anderen Seite gerecht werden. Die Wärmeschutzmaßnahmen müssen mit baukulturellen Maßnahmen koordiniert und moderiert werden.

Energetischer Umbau und Erweiterung zum Passivhaus: Kurdamm 11-13

Das 1958 erbaute Klinkerhaus soll energetisch zum Passivhaus umgebaut, dabei vor allem der Wohnkomfort gesteigert werden. Zusätzlicher Wohnraum wird durch den Ausbau des Dachgeschosses erreicht. Der Entwurf bewahrt das Backsteinkleid der 1950er Jahre und verbindet es mit zusätzlichen Gestaltungselementen. Die neuen Dachterrassen werden als Außenraum den vier Wohnungen zugeordnet. Die energetisch problematischen Loggien an der Straßenseite werden hingegen zurückgebaut und die Fläche teilweise in die thermische Hülle integriert. Die privaten Außenräume werden stattdessen an der ruhigen Rückseite vorgesehen: als Balkone oder als großzügige Wintergärten vor den Küchen und Schlafzimmern. An der Nordseite können sie nicht überhitzen und dienen als zusätzlicher Wärmepuffer.

Verfasser

Julia Brockmann

Ivan Peter Chlumsky

Peter Lohse

Joachim Reinig

Sören Vollert

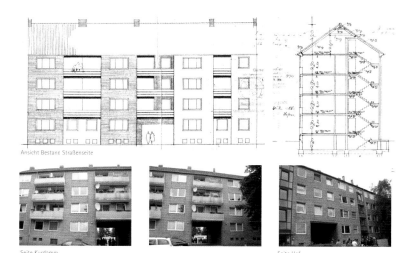

Ansicht Bestand Straßenseite

Seite Kurdamm

Seite Hof

Kurdamm 11-13: Vorskizze Straßenseite
Kurdamm 11-13: Preliminary sketch for street side

Kurdamm 11-13: Hoffassade
Kurdamm 11-13: Kurdamm 11-13: courtyard façade

Working group 3: building within the existing Hamburg stock – bricks and sustainability

The number of building refurbishments will increase considerably in years to come due to rising energy prices and the evidence of climate change. The danger is that many of the characteristic buildings dating back to the nineteenth century, in the case of Hamburg those made out of brick, will lose their identity and thus weaken the cityscape substantially. Steps must be taken to prevent this from happening. Sparing use of primary energy is inevitable, and renewable energies must be increased in future, or even be applied exclusively. The repercussions for architectural culture, especially regarding the existing building stock, will be considerable. Scenarios were developed in the workshop that did justice to the demands of architecture on the one hand, and on the other to the urgent need for modernisation and restoration. Thermal insulation measures must be coordinated and offered along with architecture-related measures.

Energy refurbishment and upgrading to passive house standard: Kurdamm 11–13

This brick house, built in 1958, was to be refurbished as a passive energy house, primarily to increase the comfort level for residents. Additional living space was created by extending the attic. The design retains the brick cladding from the 1950s and combines it with added design elements. The new roof terraces are allocated to the four flats as external spaces. By contrast, the loggias on the street side, problematic from an energy point of view, are removed and the surface partially integrated into the thermal envelope. The private external spaces are instead planned for the quiet rear side: as balconies or good-sized conservatories in front of the kitchens and bedrooms. On the north side they cannot overheat and act as additional heat buffers.

Authors
Julia Brockmann
Ivan Peter Chlumsky
Peter Lohse
Joachim Reinig
Sören Vollert

Kurdamm 15-17: Istzustand des Bauwerks
Kurdamm 15-17: Actual condition of the building

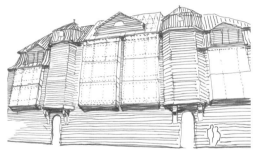

Kurdamm 15-17: Ertüchtigung im Zwiebelprinzip
Kurdamm 15-17: Using the onion layer principle to
bring it up to standard

Energetische Baumassnahmen

Energie aus eigener Herstellung

Energiesharing

Energetische Baumassnahmen

Energie aus eigener Herstellung

Energiesharing

Energetische Baumassnahmen

Energie aus eigener Herstellung

Energiesharing

„Energiebasar": Potenziale und Vergleich der Eignung
von drei vorgegebenen Bautypen
„Energy bazaar": Potential and comparison of suitabi-
lity of the three building components

Sanierung und energetische Instandsetzung: Wohnhaus Peter-Beenck-Straße 65 in Wilhelmsburg

Die Wiederherstellung der historischen Fassadenansichten steht im Fokus dieses energetischen Sanierungskonzepts. Den Planverfassern, die ihre Präferenz auf Maßnahmen im Gebäudeinneren legten, gelang es, durch eine sinnvolle Aufteilung in „Energetische Gebäudeertüchtigung" und „Technische Gebäudeertüchtigung" einen hohen energetischen Standard zu erzielen (der Neubau-Standard wird dabei übertroffen), ohne fassadenwirksame Maßnahmen umzusetzen. Notwendig ist, dass das Objekt zur Umsetzung der Maßnahmen temporär von der Vermietung freigemacht wird.

Verfasser
Sabine Ameling
Mehmet Beytekin
Katharina Honkomp
Thomas Reske
Albert Schett
Miriam Schmidt
Lars Wittorf

Fachliche Beratung
Thomas Dittert

Energetische und stilistische Modernisierung: Kurdamm 15-17

Dieser Entwurf widmet sich den Potenzialen von klimagerechten Ergänzungsbausteinen einer ansehnlichen Backsteinfassade. Dabei wird in einem Schichtenmodell gedacht und die Fassade dadurch energetisch verbessert und stilistisch modernisiert.

Verfasser
Fritz Bühler
Philipp Kamps
Ivo Krings

Energiebasar

Die Idee ist einfach und brillant: Architektonische Analysen und Bearbeitungswege werden auf einen Pool von Altbauten übertragen (zum Beispiel in einem vergleichbaren Gebiet wie Wilhelmsburg mit den drei unterschiedlichen Sanierungsaufgaben) und sogenannte Energie-Pools werden geschaffen, die als kleine Netzwerke integriert betrachtet und bilanziert werden. Es werden unterschiedliche Objektmerkmale wie Energie, Architektur oder Geschichte verglichen und in Beziehung gesetzt.

Verfasser
Hakki Akyol, Akyol Kamps Architekten
Cornelia Eggers, D&K drost consult
Anna Hopp, wiewiorra hopp architekten
Thomas Knerer, knerer und lang Architekten
Sibylle Kramer, Kramer Biwer Mau Architekten
Sandra Reershemius, Bezirksamt Hamburg-Mitte
Benedikt Schmitz, Schmitz Münzesheimer Lück
Rüdiger Wesekallnies, Kramer Biwer Mau Architekten

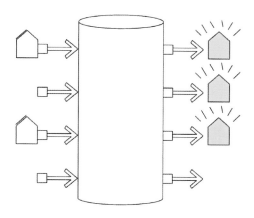

„Energiebasar": Ideenskizze: Die Summe der Teile ist mehr als das Ganze!   „Energy bazaar": Artist's impression: the sum of the parts is more than the whole!

Energiepool
Ein Ausweg aus diesem Szenario ist es, die Einzelbetrachtungen zu Gunsten von Gruppen- oder Flottenbetrachtungen zu verlassen. Dies geschieht in drei Wirkungsstufen:

I.   Bilanzgruppen: Gebäude mit hohem Einsparpotential und daher hohem Sanierungseffekt werden gegen Gebäude mit geringerem Potential aufgewogen (integrierte Bilanzgruppe). Allein dadurch entsteht noch keine nennenswerte Einsparung an Energie oder Treibhausgasen.

II.   Dezentrale Energienetze: Bricht man die herkömmlichen zentralen Versorgungsnetze auf und schafft kleinräumliche dezentrale Netze, so können nunmehr Überkapazitäten erzeugt werden, die auf kurzem Wege (z.B. Kollektoren/ Wärmeeinheiten) defizitären Gebäuden zugeführt werden.

III. Effizienz: Durch letztere Wirkungsstufe wird die häufig kritisierte subventionierte Einspeisung (z.Zt. ausschliesslich das Medium Strom) um effiziente Komponenten erweitert. Plötzlich ist es sinnvoll, z.B. die effektive Kollektortechnik über den Eigenbedarf hinaus einzusetzen und damit auch in der CO2 Bilanz echte Effekte zu erzielen (z.B. Einsparung Blockheizkraftwerk- oder Fernwärme-Kapazitäten)

Ergebnis
Die Vorteile sind zahlreich: Gesellschaftliches Engagement auf dieser Ebene erlaubt den Erhalt schützenswerter Gebäude bei gleichzeitiger Einsparung wertvoller Energieressourcen. Gebäude können beruhigt individuell betrachtet werden, die Zusammenhänge werden bewusst gemacht (Identifikation).

Es ergeben sich freiere Kombinationsmöglichkeiten in der Anwendung geeigneter Maßnahmen und die Chance zur bewussten gezielten Schaffung sichtbarer Energiespar-Architektur. Dem Eigentümer erschließen sich Möglichkeiten zur ganzheitlichen Portfoliooptimierung; Mietpreise sind individueller steuerbar.

„Energiebasar": Zusammenfassung der Gruppenstrategie
„Energy bazaar": Summary of the group strategy

Reconstruction and renovation of energy systems: house at Peter-Beenck-Strasse 65 in Wilhelmsburg

The reconstruction of the historical façade elevations is the focus of this energy renovation concept. The designers, who expressed their preference for measures within the building's interior, succeeded in achieving a high energy standard through usefully dividing the project into making the building "energy-fit" and "technically-fit": this exceeded the new building standard, without implementing measures that affected the façade. It was necessary to temporarily abandon rental of the property while the measures were being implemented.

Authors
Sabine Ameling
Mehmet Beytekin
Katharina Honkomp
Thomas Reske
Albert Schett
Miriam Schmidt
Lars Wittorf

Specialist consultant
Thomas Dittert

Modernisation concerning energy and style: Kurdamm 15-17

This design is devoted to potential climate-responsive, supplementary components on a substantial brick façade. The idea is for a layered model that can improve the façade in terms of energy and modernise it stylistically.

Authors
Fritz Bühler
Philipp Kamps
Ivo Krings

Energy bazaar

The idea is simple but brilliant: architectural studies and working methods are applied to a group of old buildings (for example, three different renovation projects in a comparable area like Wilhelmsburg) and so-called energy pools are created that are seen and balanced in an integrated way as small networks. Various property features such as energy, architecture and history are compared and related to each other.

Authors
Hakki Akyol, Akyol Kamps Architekten
Cornelia Eggers, D&K drost consult
Anna Hopp, wiewiorra hopp architekten
Thomas Knerer, knerer und lang Architekten
Sibylle Kramer, Kramer Biver Mau Architekten
Sandra Reershemius, Bezirksamt Hamburg-Mitte
Benedikt Schmitz, Schmitz Münzesheimer Lück
Rüdiger Wesekallnies, Kramer Biver Mau Architekten

DIRK MEYHÖFER

Die HafenCity Hamburg im Zeichen der Nachhaltigkeit

Ein Interview mit Jürgen Bruns-Berentelg, Geschäftsführer der HafenCity GmbH

Mit der HafenCity verfügt die Freie und Hansestadt Hamburg über ein großflächiges citynahes Stadterweiterungsgebiet. Inwieweit die Umwandlung des ehemaligen Hafenareals in ein gemischt genutztes Stadtquartier den hohen selbstgesteckten Zielen einer nachhaltigen Stadtentwicklung standhält, darüber gibt Jürgen Bruns-Berentelg, Geschäftsführer der HafenCity GmbH, im Gespräch mit Dirk Meyhöfer Auskunft.

Greenfields und Brownfields

Als die HafenCity im Jahr 2000 mit dem Masterplan auf den Weg geschickt wurde, hatten die Begriffe vom nachhaltigen und ökologischen Bauen noch einen anderen Klang: Verkehrsberuhigung, vernünftige Ressourcenplanung durch größere Dichte oder Nachverdichtung. Natürlich beeinflusste die Hafensituation mit spezifischen Lärm-emissionen und notwendigem Hochwasser-schutz die Strategie. Möglicherweise war nur die Spitze des Eisberges sichtbar – wie gehen die Planer der HafenCity heute damit um?

Der Masterplan ist damals tatsächlich von einem anderen Selbstverständnis von Nachhaltigkeit ausgegangen. Auch wenn der Begriff Nachhaltigkeit keine tragende Rolle spielte, gab es viele Hinweise auf das Generalthema einer Berücksichtigung von ökologischer Nachhaltigkeit. Der Masterplan hat sinnvollerweise die feinkörnige Nutzungsmischung als Generalthema aufgegriffen und städtebaulich flexible, zum Teil kleinteilige und auf 13 Stadtquartiere

verteilte, unterschiedliche Typologien vorgedacht. Das wird heute realisiert. Zum Zeitpunkt des Masterplans war ja der GAL-Politiker Wilfried Maier als Stadtentwicklungssenator im Aufsichtsrat der HafenCity Hamburg. Nachhaltigkeitsaspekte sind auch deswegen in den Grundsatzüberlegungen des Masterplans überdurchschnittlich in einer Form enthalten, die sich mit stadtstrukturellen Themen befasst hat. Also: Wie muss die Stadtstruktur generell aussehen, die an einem solchen Ort entsteht? Der Ort HafenCity ist zudem ein zentral gelegenes, klassisches *Brownfield Development* ...

– und ein solches klassisches Brownfield Development *trägt Altlasten mit sich herum, die es von vornherein für eine besonders kritische, ökologische Betrachtung vorsehen muss?*

In der Stadtentwicklungsfachsprache wird eine Typologie vereinfacht nach *Greenfield* und *Brownfield* unterschieden: *Greenfield* bezeichnet eine Entwicklung „auf der grünen Wiese", *Brownfield* auf meist durch Gewerbe genutztem Gelände. Wir haben beispielsweise in Hamburg-Bergedorf mit den Entwicklungen in Neu-Allermöhe in den 1990er Jahren immer noch *Greenfield Developments* vorangetrieben, also Wachstum an der äußeren Peripherie der Stadt, auf der bis dahin landwirtschaftlich genutzten Fläche geschaffen. Die HafenCity hat von vornherein den Vorteil gehabt, als innenstadtnahe Hafenlage zu den ressourceneffizienten *Brownfield Developments* zu gehören und von daher den Gesichtspunkt der Wiederbenutzung der Ressource Boden in den Mittelpunkt gestellt.

DIRK MEYHÖFER

HafenCity Hamburg and the Sustainability Factor

An interview with Jürgen Bruns-Berentelg, chief executive officer of HafenCity GmbH

Luftbild der HafenCity am südlichen Rand der Hamburger City mit den geplanten – bislang erst zum Teil, überwiegend im westlichen Bereich realisierten – Bauvolumina   Aerial view of the HafenCity on the southern periphery of Hamburg's city centre, showing the planned architectural volumes – as yet only partially realised, mainly in the western part

Ist es dadurch ein „nachhaltiges" Brownfield?
Die HafenCity ist ein besonders nachhaltiges
Brownfield Development, weil es räumlich in die
zentralen Bereiche Hamburgs integriert wird
und weil es spezifische stadträumliche Qualitäten aufweist. In Großbritannien gibt es eine
staatlich geregelte Verpflichtung, 80 Prozent
auf *Brownfields* zu entwickeln. Das hat sich
zum Teil als zu hoch erwiesen, weil damit auch
periphere Standorte wieder entwickelt wurden,
die schlecht in die Stadt eingebunden sind und
gerade deshalb insgesamt nicht als nachhaltig gelten können, sondern nur in Bezug auf
die Bodennutzung. Dagegen können zentrale
Brownfields wie das Beispiel HafenCity als po-
tenzielle Innenstadt viele Pluspunkte bezogen
auf Nachhaltigkeitsaspekte beispielsweise beim
Thema der verkehrlichen Integration erzielen;
sie werden aber nicht nur durch die zentrale
Lage oder die Wiedernutzung von Flächen
erreicht. Natürlich mussten wir in einem erheb-
lichen Umfang Bodensanierung betreiben, weil
die HafenCity der älteste große Gaswerkstand-
ort Hamburgs war.

*Kann man nach der Erfahrung in diesem
ersten Jahrzehnt der HafenCity so etwas
schon quantitativ erfassen? Denn es besteht
ja der grundsätzliche Einwand, dass durch
solche Infrastrukturvorleistungen wie die
Beseitigung von Altlasten die HafenCity zu
teuer wird. Kann man nun sagen, dass Sie
im Grunde genommen genau das Richtige
gemacht haben?*
Es sind über 20 Millionen Euro in Bodensanie-
rungsmaßnahmen investiert worden. Aber die
Sanierung von Bodenflächen ist an innenstadt-
nahen Standorten wirtschaftlich immer wesentlich besser zu begründen als an peripheren
Brownfield-Standorten, soweit dort nicht zwingend eine Sanierung aus ökologischen Gründen
erfolgen muss. Dort erfordern sie a priori eine
ganz erhebliche Subvention. Stadtentwicklung
in der HafenCity ist auch ein ökonomischer
Hebel, notwendige Bodensanierung zu betreiben und eine effiziente Bodennutzung auf den
Weg zu bringen. Und jetzt wird das Gebiet der
HafenCity zusätzlich mit Promenaden, Plätzen

und Parks auf einer Gesamtfläche von ca. 22
Hektar aufgewertet. Dazu kommen in ähnlicher
Größenordnung private Flächen, die öffentlich
zugänglich sind. Die ehemals vorhandene umfassende Bodenversiegelung wird trotz intensiver Bebauung deutlich reduziert. Mehr als 2500
Bäume werden neu gepflanzt, um trotz der
städtebaulichen Grundhaltung das hafentypisch
harte Ambiente zu erhalten.

*„Liegen lassen" als Szenario in einem innen-
stadtnahen Brownfield, so wie die HafenCity
es darstellt, ist sicher die deutlich schwäche-
re Option als reparieren. Was konnten Sie
erhalten und reparieren?*
Die HafenCity ist kein klassisches Flussufer-
Projekt. Sie hat zwar 3,3 Kilometer Elbuferlinie,
aber insgesamt 9,8 Kilometer Land-Wasser-Aus-
tauschlinie aufgrund der vielen Hafenbecken
und Kanäle. Das ist es, was sie charakterisiert.
Das Gelände der HafenCity unterscheidet sich
von Hamburger Vierteln des 19. Jahrhunderts
bei einer vergleichbar hohen Dichte durch kom-
pakte, jedoch häufig aufgelöste Gebäudestruk-
turen. Dies ermöglicht den einzelnen urbanen

Dalmannkai mit öffentlicher Promenade am Grasbrookhafen und zur Elbe orientierten Wohnbauten
Dalmannkai with public promenade by Grasrookhafen
and residential buildings facing onto the Elbe

With HafenCity, the Free and Hanseatic City
of Hamburg has access to an extensive urban
development zone close to the city centre. The
chief executive officer of HafenCity GmbH,
Jürgen Bruns-Berentelg, talks to Dirk Meyhöfer
about the extent to which the transformation of
the former port area into a mixed-use city district matches up to the scheme's self-imposed
ambitious objectives of sustainable urban
development.

Greenfields and brownfields

*When HafenCity embarked on its long jour-
ney with the Master Plan in 2000, the concepts of sustainable and ecological building
still had different connotations: traffic
calming and sensible resource planning
through increased or retrospective densifi-
cation. Naturally the port location, with its
specific noise emissions and essential flood
protection, influenced the strategy. Perhaps
only the tip of the iceberg was visible – how
are the HafenCity planners dealing with the
situation today?*

At that time the Master Plan was indeed
premised on a different understanding of
sustainability. Even though the sustainability
concept did not play a pivotal role, there were
lots of references to consideration of ecological
sustainability. The Master Plan usefully picked
up the general theme of fine-grained mixed
use, planning ahead for a range of building
typologies spread over thirteen city districts,
flexible in terms of town planning, and partly
divided into small sections. This is all being
implemented now. At the time of the Master
Plan, the Green politician Wilfried Maier sat on
the board of directors of Hafen-City Hamburg
in his capacity as senator for urban development. So for this reason sustainability issues
are evident in the Master Plan's basic policy
considerations at an above-average level and in
a form that deals with issues relating to the urban structure. Hence the question, what should
the general shape of the urban structure that
develops in such a location look like? Moreover,
HafenCity site is a centrally located, traditional
"brownfield development"...

*...and a traditional brownfield development
like that carries with it a lot of inherited
waste, which it must, from the outset, consider from a particularly critical, ecological
point of view?*

In urban development jargon, a typology is
divided simplistically into *greenfield* and *brownfield*: the former is a "development in green
countryside", while the latter is usually land
that has been used for industry. In Hamburg, for
instance, during the 1990s we were still pushing
ahead with greenfield developments like Neu-
Allermöhe in Bergedorf, i.e., creating growth on
the outer city peripheries in what was until then
agricultural land. From the start HafenCity, as a
port location near the city centre, had the ad-
vantage of being part of the resource-efficient
brownfield developments and, in this sense, the
perspective of reutilising land as a resource was
prioritised.

*Does this make it a "sustainable" brownfield
site?*

Bausteinen einen direkten Wasserbezug und die Anordnung größerer Freiräume mit einer viel dichteren Wegevernetzung. Die historischen Kaimauern kamen aus anderen Gründen in unseren Fokus. Wir kämpfen deswegen um die alten Strukturen mit diesen Beckenmauern, weil man auf deren Grundlagen ein neues städtebauliches Konzept aufbauen kann, weil sie einen hohen praktischen Wert haben und sich beispielsweise zu öffentlichen Promenaden ausweiten lassen. Dadurch wird die HafenCity auch zum Idealbild einer Stadt der kurzen Wege mit mehr Wegeoptionen für Fußgänger und Radfahrer als die klassische europäische Stadt mit Blockstrukturen bei gleicher Dichte. Darüber hinaus ist es wichtig zu erkennen, dass ein durch Wasserflächen gegliedertes Stadtareal wie die HafenCity dem Hitzeinseleffekt der bebauten Stadt entgegenwirkt und daher für die Menschen, die hier leben und arbeiten, einen großen Komfort gerade auch während sommerlicher Hitzeperioden generiert. Auf Hitze muss nicht in dem Maße technisch mit Gebäudeausstattung reagiert werden; die Spitzentemperaturen liegen niedriger und die Durchlüftung in der HafenCity ist trotz relativ dichter Bebauung besser als im Falle geschlossener Stadtstrukturen. Es ist heute wichtig festzuhalten, dass die Flächen der HafenCity von vornherein wesentliche Elemente der Nachhaltigkeit enthielten, ohne dass sie explizit im Masterplan auftauchen konnten. Es war eine andere Grundhaltung, die sich aber heute gut weiterentwickeln lässt.

Energieeffizienz und Zertifizierung

Neben der generellen Stadtstruktur und der damit gebotenen Brownfield-*Bewältigung ist Ihr Konzept der Wärmeenergieversorgung ein wichtiger Aspekt der Nachhaltigkeit. Seit 2002 haben Sie dabei neue Standards gesetzt. Wie sieht dieses Konzept der Energieversorgung aus?*

Die HafenCity besitzt eine besonders effektive Wärmeenergieversorgung mit maßgeblicher CO_2-Reduktion, Nahwärmesysteme steigern die Öko-Effizienz. Grundlage der Wärmeversorgung in der westlichen HafenCity ist seit 2003 ein

Mix aus Fernwärme und Wärme aus dezentralen Wärmeerzeugungsanlagen in der HafenCity selbst: Blockheizkraftwerk, eine Brennstoffzelle und 1800 Quadratmeter Solaranlagen auf den Wohngebäuden zur Warmwasserversorgung. Die maximal zulässige CO_2-Kennzahl für die Wärmeversorgung der westlichen HafenCity ist nach Maßgabe internationaler Klimaschutzziele (Kyoto-Protokoll) dynamisiert. Der gewählte Technologiemix und die zentrale Wärmeversorgung führen zu einer Emissionsreduktion von etwa 27 Prozent im Vergleich zu einer individuellen, gebäudebezogenen Wärmeversorgung mit Erdgas für Neubauten. Im Vergleich zur Verwendung anderer fossiler Brennstoffe wie Heizöl oder Kohle läge die Emissionsreduktion noch deutlich höher. Diese Ergebnisse haben wir durch eine europaweite Ausschreibung erreicht, in der eine CO_2-Benchmark zugrunde gelegt wurde und erstmalig, soweit wir wissen, für ein solch großes Gebiet nicht nur nach Preiskriterien oder nach technischen Vorgaben optimiert wurde. Aber es war klar, dass wir bei einer CO_2-gesteuerten Wärmeenergieversorgung nicht stehen bleiben konnten, weil die Gebäudenachhaltigkeit nicht ausreichend steigt und

Die Marco-Polo-Terrassen neigen sich auf drei Ebenen zum Grasbrookhafen hin. The Marco Polo Terraces slope down on three levels towards Grasbrookhafen.

HafenCity is an eminently sustainable *brown-field development,* because it is physically integrated into the centre of Hamburg and boasts quite specific urban spatial qualities. In the UK there is a state-regulated requirement for 80% of developments to be *brownfield.* In places this has proved to be too high, because it led to the development of yet more peripheral sites that are poorly integrated into the city and for this reason cannot be regarded as completely sustainable overall, but only with respect to the land use. So central *brownfield* sites, taking the example of HafenCity as a potential inner city, can notch up a lot of plus points in relation to sustainability issues, such as transport integration for instance; these pluses are not achieved, though, just by virtue of the central location or the reutilisation of ground space. We had to undertake a considerable amount of land rehabilitation, of course, because HafenCity was the site of the oldest large-scale gasworks in Hamburg.

Can we sum up in any quantitative way the experience in this first decade of HafenCity? For there is the basic objection that major upfront investments such as the removal of contaminated sites in HafenCity have been too expensive. So can we say that what you did was fundamentally right?

Over twenty million euros have been invested in a land decontamination programme. But the rehabilitation of land areas is always easier to justify economically in inner city locations than on peripheral *brownfield* sites, in so far as there it is not compulsory to undertake de-contamination for ecological reasons. In that case they require *a priori* a very hefty subsidy. Urban development in HafenCity is also an economic lever to push forward with essential land rehabilitation and get efficient land use off the ground. And now the HafenCity zone is being improved to include promenades, plazas and parks over a total area of around twenty-two hectares. There are also privately owned areas in a similar order of magnitude, which are publicly accessible. The former extent of comprehensively sealed surface has clearly been reduced, in spite of intensive development. Over 2500 trees are being planted, in order to preserve the austere atmosphere of the typical port area, in spite of the urban development feel.

"Leave it alone" is what usually happens to an inner-city brownfield *site such as Hafen-City, which is of course by far the inferior option to fixing it. What were you able to preserve and repair?*

HafenCity is not a classic riverside project: it has a 3.3 kilometres long stretch of the river Elbe, admittedly, but also a total of 9.8 kilometres of land-water interface because of the many docks and canals. This is what makes it so distinctive. With a comparably high density, the HafenCity area differs from nineteenth-century Hamburg districts by virtue of the compact, yet often fragmented, building structures. This allows the individual urban blocks a direct water aspect, and a layout with larger areas of open space and a far denser road network. We paid close attention to the historic quay walls for other reasons. We are fighting to keep the old structures of these embankments, because this lets us construct a new urban development concept; they have a high practical value and can, for example, be opened out to form public promenades. In this way HafenCity is evolving into the ideal image of a city that encourages short journeys, with more

Die Magellan-Terrassen bilden den Auftakt eines Ensembles öffentlicher Stadträume am Wasser; im Hintergrund die aufgeständerten Bauten am Sandtorkai.
The Magellan Terraces are the first in an ensemble of public urban spaces beside the water; the elevated buildings on Sandtorkai can be seen in the background.

weil bloße Aufforderungen und Informationen wenig Resultate zeigten. Ab 2004 wurde über gebäudebezogene Anreize nachgedacht.

Wie werden Ihre Bauherren heute auf eine nachhaltige, ressourcenschonende, „grüne" Planung eingeschworen? Zum Beispiel im Büro- und Gewerbebau? Sie haben überraschenderweise auf ein eigenes HafenCity-Zertifizierungsverfahren gesetzt. Warum? Und wie sieht es aus?

Als zentrales Instrument zur Förderung des nachhaltigen Bauens wurde 2006/2007 in der HafenCity ein Zertifizierungssystem für besonders umweltfreundliche, gesunde, ressourcensparende Gebäude eingeführt. Bisher existiert ein solches Zertifizierungssystem in Deutschland nicht. Mit dieser Zertifizierung wurde ein hoch wirksames Anreizsystem für Eigentümer und Gebäudenutzer geschaffen, das international hohe ökologische Standards setzt und zu geringeren Betriebskosten führen wird. Wir versprechen uns über die kurzfristige Perspektive hinaus auch Vermarktungsvorteile im internationalen Wettbewerb. Unser System geht auch auf den Lebenszyklusansatz ein – also insgesamt haben wir mit unserem Zertifizierungssystem eine Ausweitung des Themas Nachhaltigkeit gegenüber den Themen Energieeffizienz und Reduktion von CO_2-Emissionen erreicht.

Wir liegen mit dem Anspruch des Zertifizierungssystems weltweit sehr weit oben. Die HafenCity Hamburg GmbH ist als Entwicklungsgesellschaft beispielsweise aktives Gründungsmitglied der 2007 gegründeten Deutschen Gesellschaft für Nachhaltiges Bauen und bringt insbesondere die Erfahrung mit der Entwicklung von öffentlichen Gütern ein. Nachdem nachhaltige Stadtstrukturen und nachhaltige Wärmeversorgung bewältigte Themen waren, war uns klar, dass es nun beim privaten Bauen in der Umsetzung darum gehen musste, die Gebäude in den Mittelpunkt zu stellen.

Wie kommt das nun konkret bei den Investoren an? Welche Konsequenzen ziehen Architekten und Ingenieure daraus?

Zum Beispiel das neue Gebäude der Deutschland-Unternehmenszentrale von Unilever am Strandkai, das schon 2009 in Betrieb genommen wird: Da fallen die intensiven Begrünungsmaßnahmen auf dem Grundstück und auf dem Dach ebenso auf wie die Produktion öffentlicher Güter. Damit ist die Gestaltung der Erdgeschosszonen als öffentlicher Bereich mit publikumswirksamen und öffentlichen Nutzungen gemeint. Dieses Gebäude kommt in der HafenCity nicht als Bürogebäude auf den Boden. Regenwasser wird benutzt, Urinale sind wasserlos. Beim neuen SPIEGEL-Gebäude wird zusätzlich mit Geothermie gearbeitet, 70 Erdsonden werden 100 Meter in die Tiefe gebohrt, dazu wird der Tageslichtanteil vergrößert. Thermische Bauteilaktivierung – es wird durch die Decke geheizt – und Fotovoltaik werden genutzt. Insgesamt eine koordinierte Vielzahl von Einzelmaßnahmen. Für alle Gebäude nach dem Goldstandard wie zum Beispiel Unilever oder SPIEGEL gilt, dass der Primärenergiebedarf unter 100 Kilowatt pro Quadratmeter und Jahr liegt, also inklusive aller Aktivitäten wie Computer- und Kopiererbetrieb etc.

Modell des künftigen Herzstücks der HafenCity: das Überseequartier mit zentraler, offener Ladenstraße
Model of the future heart of HafenCity: the Übersee Quarter with its central, open street of shops

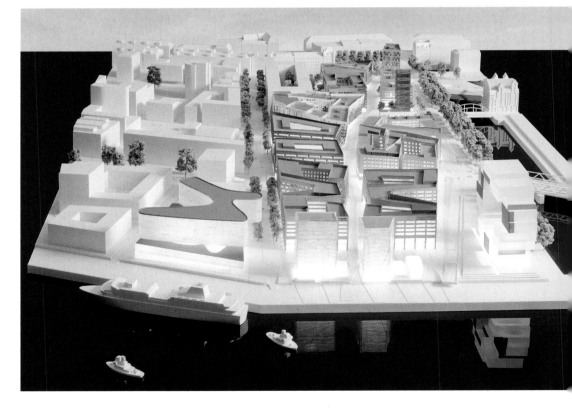

despite high density. Whether we can really achieve new typologies now is a question to which I do not yet have a clear answer. In individual cases, yes, but overall it will continue as we have done in the west – without closed building blocks, with an average height of six to seven floors. But there are plenty of questions to which we now have to find new answers when reworking the Master Plan for the eastern sector. How should we handle the size, orientation and length of the buildings? In addition to the commercial noise from the port we have the very important issue of traffic noise; Versmannstrasse, the Elbe bridges, and the railway all require urban planning and structural engineering responses.

If the building depth is extended, along with higher density, will that not also have its disadvantages?
When building depth is greater, the issue of lighting becomes a thorny one, as power consumption is the most sensitive issue in relation to CO_2-emissions; this is why I believe in a vertical mix, rather than a horizontal one. By attaching new weight to the public space and consciously developing private open spaces, i.e., separate spaces to retreat to, we are managing to achieve a very high living environment quality in HafenCity, in spite of a comparatively high density.

Density in terms of shopping as well – like a shopping centre?
No. The compact structure of HafenCity allows for shopping in the Übersee district in a sales area of around 40,000 square metres, offering the diverse choice of the city centre. There was a conscious decision to abandon any idea of organising these areas into a shopping mall that requires air conditioning, which would be problematic for HafenCity in terms of both energy use and urban planning. The shopping opportunities have been created in sixteen different mixed-use buildings. Such compact yet open urban structures reduce CO_2-emissions substantially if you do not put an air curtain in front of every shop. At the same time the build-

ing density remains high, and the area with the retail spaces is used efficiently.

Could bolder steps have been taken in terms of the transport issue? The slogans being: infrastructure over water, reversing car use, car-free even …
First of all, the living mounds solution that has come in for some criticism is now proving to be sustainable. There will not be any multi-storey car park above ground in HafenCity. If we compare the city centre and HafenCity, then the latter's underground parking zones form part of the flood protection. HafenCity is a city of short routes. A high proportion of the daily routes in HafenCity can be undertaken using local modes of transport – on foot and by bike. This is why a dense network of cycle and footpaths criss-cross HafenCity. Compared to a nineteenth-century district of the city like Eimsbüttel, the building block sizes in HafenCity are smaller and, in a comparable density, far more foot and cycle paths have been created relative to the length of the street network (9:5 instead of 6:5). There are plenty of options available for pedestrians to use attractive routes in HafenCity, thus providing incentives to work out car-free routes within HafenCity and between HafenCity, Speicherstadt and the city centre. What is more, the mixed use supports this behaviour.

Does this mean you are making the car redundant?
There is a considerable incentive not to travel by car. We are already seeing that residents in HafenCity are at least doing without a second car. In future we will also be promoting projects based on reduced car use. We intend to invite tenders for the sale of land that not only indirectly, but directly, achieve such outcomes. HafenCity will certainly not be completely car-free, and neither will we build above-ground car parks on its fringes to achieve this outcome. What we will do is use shared space concepts in selected areas to reduce through traffic. In the eastern sector we want to push the idea of car sharing models. In the year 2000 such

gleichbare Qualität der Nahverkehrsanbindung bei geringst möglichem Flächenverbrauch und bei einer durch 40.000 Tagesbesucher allein im Kernbereich geforderten großen Leistungsfähigkeit. Was wir auch im Sinn haben, sind Verkehrstrassen, die Siedlungsbezüge nicht über Gebühr zerschneiden. Die unterirdische Führung der U-Bahn ist ein Beispiel dafür und schont nachhaltig Ressourcen und Bodenflächen, ein Thema, das in der öffentlichen Diskussion der U-Bahnlage und der Anbindung völlig unterbewertet worden ist.

Weitere Entwicklungen

Was wird die nahe Zukunft zum Thema Nachhaltigkeit bringen?

Die HafenCity wird mittel- und langfristig durch ihre neue nachhaltige Infrastruktur und Bausubstanz helfen, die hochgesteckten Hamburger Klimaschutzziele zu erfüllen. Dies umso mehr, wenn es gelingt, Wohnen vom Stadtrand in die innere Stadt zu verlagern und gleichzeitig die Energieeffizienz der Gebäude zu verstärken. Das tun wir. In diesem Bewusstsein sind in der HafenCity eine Reihe von Projekten angestoßen worden, welche Stadtentwicklung auch als Impulsgeber für Forschung und Innovation zu Klimaschutz und Nachhaltigkeit verstehen.

Die HafenCity ist ein wichtiger Standortbaustein der Wasserstoffinitiative des Hamburger Senats. Das neue Gebäude der HafenCity Universität und weitere größere Bürogebäude werden den Nachhaltigkeitsstandard Gold erreichen, wir streben den Goldstandard auch für das Science Center an. 2009 soll ein gemischt genutztes Wohnareal mit Passivhausstandard (Goldstandard-Zertifizierung für Wohnen) mit etwa 400 Wohneinheiten ausgeschrieben werden und als Modellprojekt innerstädtischen Wohnens fungieren. Greenpeace und das House of Design und Wohnen sind weitere Modellvorhaben für nachhaltige Kernstadtnutzungen mit besonders hoher Energieeffizienz.

Die HafenCity Hamburg GmbH ist Mitglied des Zukunftsrats Hamburg und hat seit 2008 einen Sitz in dessen Koordinierungskreis. In Abstimmung mit dem Zukunftsrat entsteht gegenwärtig ein Monitoring-System, bei dem über die Erfassung ökologischer, ökonomischer und sozialer Indikatoren eine Bewertung und Erfolgskontrolle für die weitere nachhaltige Entwicklung in der HafenCity ermöglicht wird. Und vieles mehr: So beabsichtigen wir mittelfristig eine eigene CO_2-Bilanz für die HafenCity zu erstellen sowie ein Zertifizierungssystem für Einzelhandelsflächen zu entwickeln.

Würde sie in die Richtung weisen, dass man vielleicht bald schon den gesamten ökologischen Footprint der HafenCity auf Stadtteilebene erfasst wird und dass Strategien entwickelt werden, nicht nur Gebäude zu zertifizieren, sondern auch das klimaschonende Verhalten der Bewohner?

Belassen wir es jetzt bei dieser schönen Idee, um uns nicht den Vorwurf der Ökodiktatur einzuhandeln. Wir werden aber darüber nachdenken, verstärkt Verhaltensanreize zu generieren und Informationen bereitzustellen, denn Nachhaltigkeit lässt sich nur partiell technisch erzeugen, sie muss auch gelebt werden. Viele Menschen fühlen sich als Pioniere in der HafenCity, warum sollte man nicht daran ansetzen und überlegen, was im Sinne nachhaltiger Unternehmens- und Haushaltsführung auf den Weg gebracht werden kann?

Spielplatz in der HafenCity mit großartiger Kulisse: Queen Mary II   Children's playground in the HafenCity with an impressive backdrop: Queen Mary II

possibilities could not yet be formulated, as the utilisation mixture, HafenCity's local transport connections and more besides existed at best on paper, and there was a clear sense of pessimism on many sides in terms of implementing the basic issues of homes, mixed usage, let alone being able to think about sustainability in greater depth. Now the basic structure of HafenCity and the development stage achieved allow for this to happen in future! And fifteen years down the line, there will be more opportunities – it could be that 50% of new cars then will be electronically powered.

And local public transport – how will it change in terms of sustainability?
With its new underground connection ("U-Bahn"), HafenCity will become an integrated part of the inner city: with the U4 underground line linking to the existing connection with the U1 and U3 lines in the north and west, HafenCity is gaining a local transport link of a comparable quality to other inner-city locations, with the lowest possible use of space and with enormous capacity supporting 40,000 daily users in the core area alone. What we also have in mind are transport routes that do not cut excessively through residential areas. The subterranean U-Bahn route is one such example, providing sustainable protection for resources and land, an issue that has been completely undervalued in the public discussion about the U-Bahn position and its connections.

Future developments

What does the immediate future hold in store for the issue of sustainability?
In the medium to long term, HafenCity will help to meet Hamburg's ambitious climate protection objectives through its new sustainable infrastructure and building stock; all the more so, if it succeeds in encouraging a move to inner-city living from the peripheries, while at the same time improving the energy efficiency of buildings. That is what we are doing. With this firmly in mind, we are pushing ahead in

HafenCity with a whole range of projects that understand urban development as also being the driver for research and innovation on climate change and sustainability.
HafenCity is a pivotal site for the hydrogen initiative of Hamburg's Senate. The new Hafen-City University building and other large-scale office blocks will reach the Gold sustainability standard, and we are also aiming at Gold standard for the Science Centre. In 2009 the tender will go out for a mixed-use residential area of around 400 units meeting passive house standards (the Gold standard for housing), and this will act as a model project for inner-city living. Greenpeace and the House of Design and Living are other exemplary projects for the sustainable utilisation of the city centre with particularly high energy efficiency.
HafenCity Hamburg GmbH is a member of the Hamburg Future Council and has been on its co-ordinating group since 2008. At the moment a monitoring system is being developed in coordination with the Future Council; its purpose is to enable the compilation of ecological, economic, and social indicators to evaluate and monitor the outcomes of future sustainable development in HafenCity. And much more besides – so we envisage in the medium term to create its own CO_2-balance for HafenCity, as well as developing a certification system for retail space.

Would this point towards perhaps very soon extending the whole HafenCity ecological footprint to a city-wide level, and developing strategies not only for certifying buildings, but also for climate-friendly behaviour on the part of residents?
Let's just leave it at that nice idea for now, so that we are not accused of being an eco-dictatorship. We will, however, consider creating more incentives to influence behaviour and make information available, for sustainability can only be achieved in part by technical means – it also has to be lived. Many people feel like pioneers in HafenCity, so why should we not highlight this – and think about what we can get off the ground in terms of sustainable corporate and domestic management?

HARALD KÖPKE
Vorsitzender des Landesverbandes Hamburg des BUND (Bund für Umwelt und
Naturschutz Deutschland)

Harald Köpke lebt seit 1981 in Wilhelmsburg, auf dem ländlichen Ostteil der
Insel am Einlagedeich. Er engagiert sich seit 1982 im BUND.

*Seit 27 Jahren leben Sie auf der Elbinsel. Wie haben sich in dieser Zeit Natur
und Umwelt hier verändert?*

**Die Regenhäufigkeit hat zugenommen. Die harten Winter, die wir hier
früher hatten, die gibt es nicht mehr. Wir waren oftmals völlig einge-
schneit – das kann immer noch mal kommen, dann sind es aber nur zwei,
drei Tage. Die Veränderung der Elbe erleben wir. Die Hochwasser fallen so
unterschiedlich aus, dass man gar nicht mehr genau sagen kann, jetzt ist
das Hochwasser da. Die Zeiten haben sich verändert, das Wasser läuft
viel schneller auf. Die Fluthöhe macht mir wirklich Sorgen. Die Stürme,
die hier damals tobten, als wir hergezogen sind, gibt es schon lange nicht
mehr. Also ich bin sehr in Sorge, was passiert, wenn das mal zwei, drei
Tage hintereinander durchbläst. Wie wir hier dann aussehen werden. Zwar
sind die Deiche alle erhöht worden, aber ich denke, das wird nicht reichen.
Zumal die Perspektive auf lange Sicht darauf hinweist, dass der Meeresspiegel ansteigt. Da hat Hamburg eine besondere Verantwortung, dem
entgegenzusteuern.**

Sie fürchten eine erneute Sturmflut und Brüche der Deiche?

**Man sagt ja immer, die Deiche sind strömungssicher. Aber es kann zu
Deichbrüchen kommen. Vielen ist gar nicht so klar, dass sie auf einer Insel
leben. Die Menschen hier sollten sich wirklich damit auseinandersetzen,
dass die Fluten immer höher auflaufen. Es gibt ja bereits Lösungsansätze,
wie zum Beispiel dieses Rückdeichungsprogramm. Wir hatten vor zwei
Jahren den Tornado, der hier 50 Meter von unserem Haus vorbeigegangen
ist. Wenn Sie das Tosen und Brausen gehört hätten, wie der hier durchge-
schossen ist, das machte einem richtig Angst. Für mich sind das Zeichen:
Wie zum Beispiel der letzte Winter, so verregnet war der. Sie sehen hier
noch ein altes Reetdach. Die Reetdächer faulen, wenn wir nur noch feuchte Winter kriegen.**

*Sie sind hierhergezogen, weil Wilhelmsburg ein spannender Stadtteil mit viel
Natur war.*

**Vom Hafen, der alten Stadtkultur, den ländlichen Räumen, von den Na-
turschutzgebieten her hatte diese Insel alles zu bieten, was man sonst
nur in einem riesigen Landschaftsraum finden kann. Das sehen Sie hier
auf einem kleinen Fleck. Kurz nachdem wir hergezogen sind, begann eine
Diskussion über den ländlichen Raum: 1982 wurde der Landschaftsplan
Wilhelmsburg-Ost, der mit großer Bürgerbeteiligung entstand, entwickelt.
Es wurden Dinge aufgezeigt, wie sich dieser Raum positiv entwickeln
sollte. Aber von da an ging es rückwärts. Da ist ein Papier verabschiedet
worden – ich habe Berge von Papier – doch von dem, was dort besprochen
wurde, ist nichts eingehalten worden. Politik und Verwaltung haben diesen
ganzen Plan in die Schublade gelegt und die ganze Bürgerbeteiligung ver-
gessen. Dann bin ich in den BUND eingetreten, weil ich dachte, über einen
Umweltverband kann man einiges bewegen, konnte man auch. Doch wir
brauchten noch mehr Hilfe und haben die Stiftung Naturschutz auf diesen
Landschaftsraum aufmerksam gemacht. Die haben die Potenziale gesehen, denn hier gab es eine tolle Artenvielfalt. Hamburg gehört immerhin**

zu den sieben Hotspots der Flora Deutschlands! Die Stiftung hat hier
Flächen angepachtet, die wir jetzt pflegen. Wir versuchen, kleine Rück-
zugsgebiete für die Arten zu erhalten, sodass sie sich hoffentlich ausbreiten können, wenn planerisch über den Raum entschieden ist.

*Wie beeinflusst der Gedanke an Umwelt und Natur Ihre persönliche Lebens-
führung?*

**Das muss man etwas globaler betrachten. Deswegen setzte ich mich sehr
für den Naturschutz ein. Wir stellen hier im Hause unsere Temperatur
herunter, wir haben ein altes Dach, aber alles gedämmt. Wir versuchen,
so wenig wie möglich Energie zu verbrauchen. Wir haben zum Beispiel
viele Energiesparlampen und nur Ausschaltstecker. Auto fahren wir zwar
noch, wir wohnen ja hier draußen, aber benutzen so viel wie möglich den
HVV. Die Philosophie, Ressourcen einzusparen, hatten meine Frau und ich
schon immer. Deshalb haben wir uns auch ständig engagiert.**

*Glauben Sie, dass die IBA hier in Wilhelmsburg die Lebensbedingungen ver-
bessern kann? Auch in Richtung Naturschutz?*

**Beim Naturschutz bin ich skeptisch, weil die IBA ja keine Naturschutz-
projekte hat. Wie geht die IBA mit der Eingriffsregelung bei Bauprojekten
um? Wir müssen zu einem Ausgleich der Ressourcen kommen. Wenn ich
irgendwo etwas zerstöre oder eine Siedlung baue, auch wenn sie klima-
neutral ist, schade ich ja der Natur. Da werden wir aufmerksam beobachten, wie die IBA damit umgeht. Die Bürgerbeteiligung bei den Kirchdorfer
Wiesen war ein vorbildliches Beispiel dafür, wie man nicht von oben kommt
und sagt, das ziehen wir durch, sondern die Bürger richtig beteiligt. Ich
würde mir wünschen, dass die Stadt das übernimmt.**

HARALD KÖPKE

Chairperson of the Hamburg Regional Branch of BUND (Bund für Umwelt und Naturschutz Deutschland = Friends of the Earth)

Harald Köpke has lived in Wilhelmsburg, on the rural eastern part of the island, Einlagedeich, since 1981. He has been an active member of BUND since 1982.

You have lived on Elbe Island for twenty-seven years. How have nature and the environment here changed over this time?

Rain has become more frequent. You don't get the harsh winters we used to have here any more. We were often completely snowed in – that can still happen, but it's only for two or three days. We are experiencing the transformation of the Elbe. The high tides are so variable that it is no longer possible to say, with any precision, "now it's high tide". Times have changed and the water rises much faster. I am really concerned about the flood level. It's a long time since we had storms like the ones that raged when we moved here. So I am very worried about what might happen when there are strong winds here for two or three days consecutively, what it would look like here. The dykes have all been raised, it's true, but I don't think it will be enough, especially as the long term outlook suggests the sea level is rising. Hamburg has a special responsibility to institute counter measures.

You're worried about another storm flood and breaching of the dykes?

They are always saying that the dykes can withstand the currents, but dyke breaches can happen. Many people here don't realise they are living on an island. They should really face up to the fact that the tides are getting much higher. Attempts to solve the problem are already being made, such as this setback dyke program. Two years ago we had the tornado, which passed fifty metres in front of our house. If you had heard the thunderous roar as it stormed through: it was really frightening. For me, these are signs: for example, the way there was so much rain last winter. Here you can still see an old thatched roof. Thatched roofs will become rotten if we have nothing but damp winters.

You moved here because Wilhelmsburg was a vibrant area of the city and full of nature.

In terms of the harbor, the city's traditional culture, the green spaces and the nature reserves, this island had everything to offer that you would otherwise find only in a vast stretch of landscape. You see it all here in one little spot. Shortly after we moved here, talks began about the rural area: in 1982 the landscape plan for East Wilhelmsburg was developed via wide consultation. Positive suggestions of how this space should be developed were put forward. But from then on it went downhill. A paper was adopted at that point – I have a mountain of papers – but nothing came of anything that it discussed. Politicians and bureaucrats stuck this entire plan in a drawer and forgot the whole consultation process. Then I joined BUND because I thought that you could get things done in an environmental group, and it was true. But we needed more help, so we brought this rural space to the attention of the Foundation for Nature Conservation. They recognised its full potential, as there was wonderful biodiversity here. Hamburg is still one of the seven "hot spots" for Germany's flora! The Foundation leased sections of land here, which we are now cultivating. We are trying to make small reserves for certain species so that, once a planning decision is made about the space, they can, hopefully, propagate.

How do environmental and nature considerations affect your personal lifestyle?

You have to look at things in more global terms. This is why I am heavily involved in nature conservation. We keep the temperature down low in our house; we have an old roof, but everything is insulated. We try to consume as little energy as possible. For example, we have a lot of energy-saving bulbs and only use automatic cut-out plugs. We still drive a car, as we live on the outskirts, but we use public transport as much as possible. My wife and I have always believed in saving on resources – the reason why we have always been actively involved.

Do you think the IBA can improve the living conditions here in Wilhelmsburg? Even in terms of nature conservation?

I'm a bit sceptical when it comes to nature conservation, because the IBA doesn't have any projects in this field. How does the IBA deal with the impact regulation for building projects? We have to offset resources. If I destroy something somewhere, or build a housing estate, even if it is climate neutral, I am actually damaging nature. We will take a close look at how the IBA deals with this. The consultation process for the Kirchdorf meadows was a classic example of not coming from the top, saying "this is going through", but instead involving the local community properly. I would really like the city to adopt this approach.

FLORIAN TIETJE, ROSA VON DER BEEK UND SOHN LEO
Familie

Die junge Familie lebt seit Dezember 2007 in Wilhelmsburg. Rosa van der Beek studiert Städtebau/Stadtplanung, Florian Tietje arbeitet freiberuflich mit Jugendlichen in Kirchdorf-Süd an kulturellen Projekten. Sohn Leo wächst.

Wie erleben Sie Umwelt und Klimawandel in Wilhelmsburg?
Durch die Insellage und mit der Süderelbe als Wetterscheide hat das Wetter in Wilhelmsburg immer schon schneller gewechselt. Wir haben oft zwei Windstärken mehr, die Menschen sind hier dem Klima stärker ausgeliefert. Andererseits sind wir wunderschön von Wasser und Natur umgeben, es gibt viele Parks und Spielplätze.

Ist es hier nur idyllisch oder spüren Sie auch die Umweltzerstörung?
Der Kanal, an dem wir hier sitzen, ist zur einen Seite schön mit einem neuen Park gesäumt, auf der anderen Seite sind Industriebrachen, Schrott- und Reifenlager bis hin zum Kanal. In den Kanälen hier kann man nicht fischen, weil sie dioxinverseucht sind. Der große Dioxinskandal aus den 1970er Jahren ist keine drei Kilometer von hier entfernt. Das ist alles sehr spürbar, weil diese sehr schön aussehende Natur oft nicht berührbar ist. Es gibt Lärm, Gestank und Feinstaub, weil Wohn- und Industriegebiet so dicht nebeneinander liegen. Nachts ist es hier wunderbar ruhig. Sobald die Tageszeit beginnt, hört man den Krach der Industrie.

Warum sind Sie denn als junge Familie hierher gezogen?
Wir sind hierher gezogen, weil ich als freiberuflich Tätiger und meine Frau als Studentin innerhalb Hamburgs keine andere Wohnung bekommen haben. Es ist schlicht so gewesen, dass wir in Hamburg wegen gängiger Gentrifizierungsprozesse und aufgrund unserer wirtschaftlichen Situation in der gesamten Stadt nirgendwo anders etwas bekommen haben.

Sie haben nur hier eine bezahlbare Wohnung bekommen. Wie fühlt sich das jetzt an, hier als junge Familie gelandet zu sein?
Gut, sehr gut. Wir sind nicht wirklich freiwillig hergekommen, fühlen uns aber hier wohl und waren sehr überrascht, wie schnell und angenehm, geardezu dörflich wir empfangen worden sind. Die Infrastruktur allerdings stellt einen massiven Makel dar, was mit der Verarmung hier zu tun hat. Der Einzelhandel ist komplett verschwunden und wird durch Discounter ersetzt. Da wollen wir aber nicht einkaufen, weil wir vollständig öko und bio leben, das heißt wir können in Wilhelmsburg nur wenige Lebensmittelprodukte bekommen, die wir essen mögen.

Ernähren Sie sich ökologisch, weil Sie sich nicht durch die Nahrung vergiften möchten?
Es ist nicht nur der eigennützige Gedanke zu sagen, es schmeckt mir besser und ich nehme keine Gifte zu mir, sondern es geht langfristig auch um die Herstellung der Produkte. Wir denken, dass die Hersteller von Bioprodukten zum Beispiel dafür sorgen, dass die Böden nicht verseucht werden. Auch in der Erziehung ist es wichtig, den Kindern von vornherein zu zeigen, Qualitäten in diesen Dingen zu unterscheiden. Ein Produkt erkennt man nicht nur am Geschmack, sondern an der gesamten Herangehensweise, der Herstellung und des Verbrauches.

Wie beeinflusst Sie der Gedanke an begrenzte Ressourcen in Ihrer Lebensführung?
Wir leben sehr bewusst, sind bei jedem Wetter draußen und verzichten weitgehend auf das Auto. Das bedeutet, für die täglichen Verrichtungen die öffentlichen Verkehrsmittel zu nutzen, zu Fuß zu gehen oder das Fahrrad zu nehmen. Wenn größere Dinge besorgt und transportiert werden müssen, dann eben im Verbund. Das heißt nicht, dass man darauf verzichten muss, etwas sofort zu bekommen, sondern zu schauen, wann fährt denn wer, wie kann man das organisieren, für mehrere Menschen gleichzeitig größere Erledigungen zu machen.

Wie sind Sie beim Wohnen mit der Energiebilanz zufrieden?
Wir haben durchsetzen können, besser isolierende Fenster zu erhalten. Damit sind wir mäßig zufrieden, das heißt das Haus, in dem wir wohnen, hat keine sonderlich gute Energiebilanz. Doch das ist hier ein Sanierungsgebiet, und die Energiebilanz der Häuser soll verbessert werden. Was tatsächlich auch sichtbar im Viertel geschieht. Wir beziehen unseren Strom über Greenpeace.

Glauben Sie, dass im Hinblick auf die Umweltbelastung die IBA-Projekte die Lebensqualität verbessern helfen?
Der Ansatz, alle neuen Projekte an hohe Standards der Energieeffizienz anzupassen, ist sehr gut. Jede andere Art von Bauen ist heutzutage verantwortungslos, dem Wissensstand nicht angemessen und daher peinlich. Doch der Wind weht hier meist von Westen: Der Lärm und Emissionen kommen hier direkt herüber, das gilt insbesondere für das geplante Kraftwerk Moorburg. Auch die ursprüngliche Hafenquerspangenplanung war absurd. Bei diesen Dingen sehen wir eine enorme Diskrepanz zwischen dem, was im individuellen Fall neu gebaut werden soll, und dem, was stadtplanerisch im Großen fortgesetzt wird.

FLORIAN TIETJE, ROSA VON DER BEEK, AND SON LEO
A family

This young family has lived in Wilhelmsburg since December 2007. Rosa van der Beek is studying urban development and town planning, while Florian Tietje is a freelance youth worker in Kirchdorf-Süd involved in cultural projects. Son Leo is growing up.

What is your experience of environmental and climate change in Wilhelmsburg?
The weather in Wilhelmsburg has always changed more rapidly because of its island location and the Elbe valley acts as a weather divide. The wind strength is often a couple of units higher, and people here are at the mercy of the climate to a greater extent. On the other hand we are surrounded by water and nature, which is delightful, and there are plenty of parks and play areas.

Is it entirely idyllic here or do you also sense the destruction of the environment?
The canal we are sitting on here is on one side beautifully landscaped with a new park, while on the other side there is industrial wasteland, and scrap and tyre yards right up to the canal. You can't fish in these canals because they are contaminated with dioxin. The big dioxin scandal of the 1970s was barely three kilometers away from here. It's all very noticeable because you often can't touch these beautiful natural surroundings. There is noise, a foul smell, and fine dust, due to the fact that the residential and industrial areas are so close together. At night it is lovely and quiet here. As soon as it is daytime you hear the loud industrial noises.

So why did you move here, as a young family?
We moved here because we could not get any other apartment in the centre of Hamburg, as I work freelance and my wife is a student. We simply couldn't find anywhere else in the whole city because of the current gentrification process in Hamburg and our own financial position.

Only here were you able to find an affordable apartment. How does it feel now to have ended up here as a young family?
Good, very good in fact. We didn't really come here willingly, but it feels comfortable here and we were very surprised at how quickly and pleasantly we were accepted, almost like in a village. The infrastructure, though, is a massive problem, stemming from the increasing poverty here. The retail sector has completely disappeared and been replaced by discount stores. We don't want to buy things there, however, as we have a completely ecological and organic lifestyle, so this means we can only get a few food items in Wilhelmsburg that we like to eat.

Do you have an organic diet because you don't want your food to poison you?
It's not just the self-interested idea of saying that it tastes better and is free of poison, but a long term issue about how the food is produced. We believe that organic producers, for instance, ensure that the soil is not contaminated. In educational terms as well, it is important to show children from the outset how to tell the difference in the quality of these things. You not only recognise a product by its taste, but by the whole approach, the way it is made and consumed.

How is your lifestyle affected by considerations of limited resources?
We are very conscious of the way we live, we go out in all weathers, and avoid using a car most of the time. It means that for our daily activities we use public transport, walk or go by bike. If we have to buy and transport large items, we use the car together with friends and neighbours. This does not mean that you cannot get something right away, but that you find out who is driving and when, and how you can organise the bigger tasks for several people at the same time.

How happy are you with your home's energy rating?
We managed to push for windows with better insulation. We are reasonably pleased with that, though the house we are living in does not have a particularly good energy rating. This is a redevelopment area, however, and the houses' energy ratings are supposed to be improved. You can actually see this happening in the neighbourhood, in fact. We get our electricity through Greenpeace.

Do you think that the IBA projects are helping to improve the quality of life as far as environmental pollution is concerned?
The policy of making all new projects conform to high standards of energy efficiency is a good one. Any other type of construction work is irresponsible nowadays, out of tune with awareness levels, and therefore embarrassing. Yet the prevailing wind here is mainly from the west: the noise and emissions travel straight over here, and this applies particularly to the planned power plant at Moorburg. The original plans for developing the port infrastructure were ridiculous as well. We see a huge discrepancy in these matters between what is supposed to be built on an individual basis and what is being pursued by urban planners on a large scale.

SIMONA WEISLEDER UND KARSTEN WESSEL

Klimaschutzkonzept Erneuerbares Wilhelmsburg

IBA-Projekte als Modelle für eine klimaverträgliche Stadtentwicklung

Der Großteil des weltweiten Ressourcenverbrauchs findet in den Städten statt, gleichzeitig gehören viele davon zu den Hauptbetroffenen des Klimawandels. Dieser globalen Ausgangslage, die in besonderer Weise auch auf Wilhelmsburg mit der Erfahrung der Sturmflut von 1962 zutrifft, stellt sich die IBA Hamburg in ihrem dritten Leitthema, der „Stadt im Klimawandel" mit dem Klimaschutzkonzept Erneuerbares Wilhelmsburg. Hierbei versucht die IBA, die bisher überwiegend im ländlichen Raum entwickelten Konzepte einer vollständigen Versorgung mit erneuerbaren Energien aufzunehmen und in einer neuen Dimension auf den städtischen Raum zu übertragen. Auf den Elbinseln Wilhelmsburg und Veddel sollen in einer Art „Stadtlabor", vorbildhaft für Hamburg, städtische Konzepte einer erneuerbaren Energieversorgung entwickelt werden.

Der erste Schritt hierzu ist die Klimaneutralität aller baulichen Projekte der Internationalen Bauausstellung, gemessen am CO_2-Ausstoß ihres Betriebes. Die IBA-Projekte sollen in ihrer CO_2-Bilanz nicht zu einer Erhöhung des Ausstoßes von Treibhausgasen führen. Dabei werden nicht vermeidbare CO_2-Emissionen der Neubauprojekte durch entsprechende Einsparungen in Bestandsprojekten und durch den Ausbau erneuerbarer Energieprojekte auf den Elbinseln mindestens kompensiert.

Dieses Ziel soll durch *vier strategische Eckpfeiler* des Klimaschutzkonzeptes Erneuerbares Wilhelmsburg erreicht werden:

1. *Erhöhung des Anteils erneuerbarer Energien* bis zum Langfristziel „100 Prozent Erneuerbar".

2. *Verbesserung der Energieeffizienz* durch den Einsatz von Blockheizkraftwerken sowie lokalen und regionalen Energieverbundsystemen und „virtuellen Kraftwerken".

3. *Reduzierung des Energieverbrauchs* durch einen hohen energetischen Gebäudestandard (Neubau und Bestandssanierung).

4. *Einbindung der Bewohner der Elbinseln* durch umfangreiche Kommunikationsmaßnahmen zur Erhöhung der Akzeptanz und der Verhaltenssensibilität und Schaffung ökonomischer Anreize zum „Mitmachen".

Die Realisierung der IBA-Projekte bis 2013 sind erste konkrete Teilschritte des Klimaschutzkonzeptes. Darüber hinaus sollen aber die weiteren Umsetzungsschritte entwickelt und Zwischenziele für die Absenkung des allgemeinen Energieverbrauchs und den möglichen Anteil erneuerbarer Energien für die Jahre 2020 und 2050 definiert werden.

Neben der Entwicklung der IBA-Projekte wird als erste Grundlage für eine Energiebilanz der Elbinseln der Energieverbrauch (Strom und Wärme) des Gebäudebestands erhoben. Begleitend wird hierzu über die Wintermonate 2008/2009 die IBA-Aktion „100 Energiepässe für die Elbinseln" konkrete Beratung und Umsetzungsunterstützung zur Sanierung des Gebäudebestands in Kooperation mit der Behörde für Stadtentwicklung und Umwelt kostengünstig anbieten. Mit dieser Aktion können dann gleichzeitig die Informationserhebung zum Energieverbrauch des Gebäudebestands unterstützt und konkrete Gebäudesanierungen exemplarisch umgesetzt werden.

Energiebunker Wilhelmsburg – ein Mahnmal wird zum Energiespeicher. Energy bunker, Wilhelmsburg – a monument becomes an energy store.

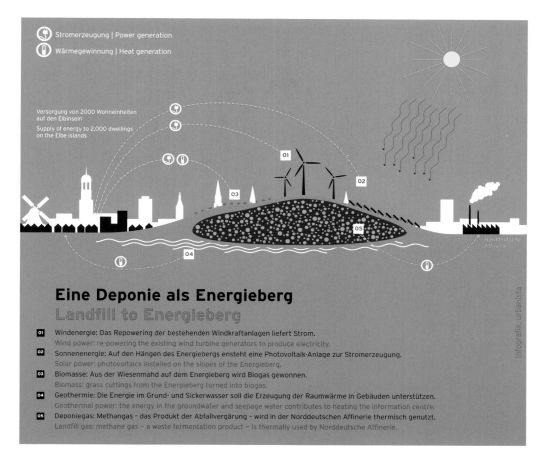

Stromerzeugung | Power generation
Wärmegewinnung | Heat generation

Versorgung von 2000 Wohneinheiten
auf den Elbinseln
Supply of energy to 2,000 dwellings
on the Elbe islands

01
02
03
04
05

Infografik: urbanista

Eine Deponie als Energieberg
Landfill to Energieberg

01   Windenergie: Das Repowering der bestehenden Windkraftanlagen liefert Strom.
     Wind power: re-powering the existing wind turbine generators to produce electricity.
02   Sonnenenergie: Auf den Hängen des Energiebergs entsteht eine Photovoltaik-Anlage zur Stromerzeugung.
     Solar power: photovoltaics installed on the slopes of the Energieberg.
03   Biomasse: Aus der Wiesenmahd auf dem Energieberg wird Biogas gewonnen.
     Biomass: grass cuttings from the Energieberg turned into biogas.
04   Geothermie: Die Energie im Grund- und Sickerwasser soll die Erzeugung der Raumwärme in Gebäuden unterstützen.
     Geothermal power: the energy in the groundwater and seepage water contributes to heating the information centre.
05   Deponiegas: Methangas - das Produkt der Abfallvergärung - wird in der Norddeutschen Affinerie thermisch genutzt.
     Landfill gas: methane gas – a waste fermentation product – is thermally used by Norddeutsche Affinerie.

Eine Deponie als Energieberg
Landfill site as energy hill

the extent to which they have done justice to the aims of the climate protection concept, i.e., how far they have contributed in particular to converting the energy supply of Elbe Islands to renewable energies.

For this reason an expert panel climate and energy was set up to support IBA Hamburg's key theme "Cities and Climate Change"; its members bring with them a wide range of experience and competencies in these fields.

Prof. Peter Droege (Chairman of the World Council for Renewable Energy, Australia) has worked as a scientist and advisor for years, mainly in Asia, specialising in the conversion of cities to renewable energy supply. Dr Harry Lehmann (Head of Department, Federal Environment Agency, Dessau) concentrates on the development of "100% renewable" concepts and sustainable urban development. Prof. Irene Peters (HafenCity University, Hamburg) teaches

and researches in the field of infrastructural planning and urban technology, with an emphasis on resource efficiency. Prof. Manfred Hegger (Technical University, Darmstadt) is a lecturer, designer and researcher specialising in energy-efficient buildings. Stefan Schurig (Director of Climate Energy with the World Future Council, Hamburg) is involved at an international level in matters relating to climate protection and renewable energies. Equally, Matthias Schuler (Managing Director of Transsolar, Stuttgart and Lecturer at Harvard University, USA) plans worldwide projects in the field of climate engineering.

The purpose of the advisory panel is to provide ongoing constructive criticism of the IBA's work, to strengthen the innovative impact of the projects, and to reflect and discuss the local efforts of IBA Hamburg within an international expert context. The panel can also support the IBA in presenting the projects on a global platform.

Some key projects of the "Renewable Wilhelmsburg" climate protection concept

The projects described below (status at September 2008) are at very different stages of development: some began even before the IBA and others not until the end of 2006, while others just started at the beginning of 2008.

Wilhelmsburg energy bunker

The former anti-aircraft bunker on Neuhöfer Strasse in Wilhelmsburg is to be restored as an energy bunker. Today it is a landmark visible from afar, a memorial worthy of preservation in Wilhelmsburg-West. After an explosion in 1947, the building interior was completely destroyed and it has stood virtually disused for sixty-one years in the middle of a residential area.

The building is to be overhauled and used for civic and business purposes, and developed as an energy supply centre for the "global neighbourhood" on Weimarer Strasse. The energy concept provides for a virtually CO_2-free energy supply for around 800 homes of the SAGA GWG housing association, which are also being

ein Biomasse-Blockheizkraftwerk. Damit können die Wohnungen das ganze Jahr über mit Warmwasser und Heizwärme versorgt werden und gleichzeitig wird ein beträchtlicher Teil des benötigten Strombedarfs in das öffentliche Versorgungsnetz eingespeist.

Energieberg Georgswerder

Aus der geschlossenen und gesicherten Deponie Georgswerder wird der Energieberg Georgswerder. Die Deponie ist bis heute für viele Wilhelmsburger das Symbol eines vernachlässigten Stadtteils. In den 80er Jahren machte die Halde aufgrund einer Dioxinbelastung des Grundwassers bundesweit unrühmlich von sich reden und wurde anschließend saniert. Heute stellt sie ein Sicherungsbauwerk dar, das ständig weiter kontrolliert und unterhalten werden muss. Im Rahmen der Internationalen Bauausstellung soll aus diesem negativen Wahrzeichen und Unort eine Landmarke erneuerbarer Energien werden, die als „Informationslandschaft" und Aussichtspunkt der Allgemeinheit zugänglich gemacht wird. Auf anschauliche Weise sollen die Geschichte der Mülldeponie, der Umgang mit Abfall und Sondermüll sowie die vielfältigen Potenziale an erneuerbaren Energien erfahrbar gemacht und erklärt werden. Auf und im Berg sind Windkraft, Sonnenenergie, Deponiegase, Biomasse und Geothermie nutzbar und das Projekt wird allein durch Windkraftnutzung und Fotovoltaik mindestens 2000 Haushalte auf der Elbinsel mit Strom versorgen können. Besonderes Highlight könnte die Errichtung einer großen Windkraftanlage mit Aussichtsplattform werden.

Energieverbund Neue Mitte Wilhelmsburg

In der Neuen Mitte Wilhelmsburg, einem gemeinsamen Projekt der Internationalen Bauausstellung und der internationalen gartenschau (igs) 2013 zeigen sich die Vielschichtigkeit der IBA-Projekte und die Verbindungen zwischen den einzelnen Leitthemen: Die inneren Stadtränder werden wieder lebenswert (Leitthema „Metrozonen"), die internationale Stadtgesellschaft erhält ein neues Zentrum (Leitthema „Kosmopolis") und ein Energieverbund nutzt die Synergieeffekte einer energetischen Integration der

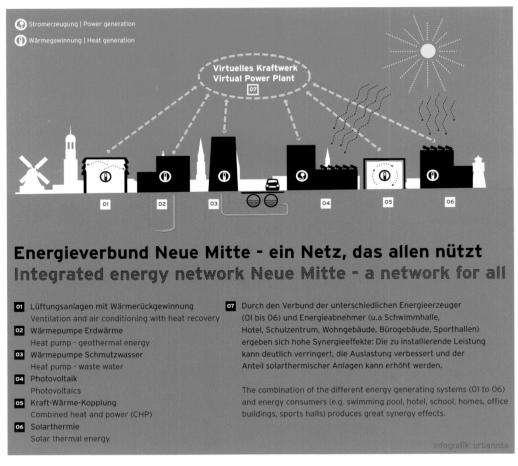

geplanten Neubauten und einzelner Bestandsgebäude (Leitthema „Stadt im Klimawandel"). Hier werden unter anderem der Neubau der Behörde für Stadtentwicklung und Umwelt, ein Ausstellungs- und Sportkomplex für die igs, Dienstleistungs- und Bürogebäude und ein Quartier mit experimentellen Wohnbauten entstehen.
Die Neubauten werden mindestens im Standard „EnEV 2007 minus 50 %" errichtet werden, viele auch im „Passivhaus"- und „Passivhaus plus"-Standard. Doch durch den Verbund unterschiedlicher Nutzer mit unterschiedlichen Spitzenlastzeiten und Energiebedarfen lassen sich erhebliche Synergieeffekte erzielen, die über die Möglichkeiten der energetischen Optimierung am Einzelgebäude hinausgehen. Nicht zuletzt wird dadurch der Einsatz der Kraft-Wärme-Kopplung optimiert und die eingesetzte Energie weitgehend doppelt genutzt (Wärme als „Abfall" bei der Stromerzeugung).

Energieverbund Neue Mitte Wilhelmsburg – ein Netz, das allen nützt   Neue Mitte Wilhelmsburg energy alliance – a network used by everyone

refurbished at the same time with the appropriate energy and cultural adaptations. The core elements of the energy concept are a large seasonal store of over 20,000 cubic metres, a solar thermal facility of around 3500 square metres, and a biomass combined heat and power plant. This allows the homes to be supplied all year round with hot water and heating, while also feeding a considerable amount of power into the public supply grid.

Georgswerder energy hill

The landfill site of Georgswerder, now closed down and safeguarded, is being turned into the Georgswerder energy hill. For many Wilhelmsburg residents, the landfill is symbolic of a neglected part of the city. In the 1980s the waste dump became a national scandal when dioxin contaminated the ground water; it was subsequently cleaned up. Today it is a secured structure that must be controlled and maintained on a permanent basis. In the context of the International Building Exhibition, the aim

is to turn this negative symbol and inauspicious place into a renewable energy landmark that will be made accessible as an "information landscape" and a vantage point for the general public. The history of the landfill site, the treatment of rubbish and hazardous waste and the diverse possibilities of renewable energies will be vividly brought to life and explained. On top of and inside the hill, wind energy, solar energy, landfill gases, biomass and geothermal can all be exploited, and the project will be able to supply at least 2000 households on Elbe Islands with electricity through the use of wind power and photovoltaics alone. The construction of a large wind turbine with a viewing platform could become a special highlight.

Neue Mitte Wilhelmsburg energy alliance

In "Neue Mitte", the new centre of Wilhelmsburg, a joint project of the International Building Exhibition and the International Garden Show (igs) 2013 reveals the complexity of the IBA projects and the links between the individual key themes: the inner peripheries of the city become liveable again (key theme "Metrozones"); the international urban community gets a new focus (key theme "Cosmopolis"); and an energy alliance exploits the synergy effects of energy integration in planned new buildings and individual older buildings (key theme "Cities and Climate Change").
The new building for the Department of Urban Development and the Environment, an exhibition and sports complex for igs, service and office buildings, and a district with experimental residential buildings – these are just some of the things that will be built here.
The construction of new buildings will comply at a minimum level to the "EnEV 2007 minus 50%" standard, and also fulfil many of the criteria for the "passive house" and "passive house plus" standards. Yet considerable synergy effects can be achieved through the alliance of different users with varying peak usage times and energy needs, stemming from potential energy optimisation in individual buildings. This allows not least for the combined heat and power plant to be used to the maximum and the

Energieverbund Neue Mitte Wilhelmsburg – im Netzwerk der Synergien. Städtebaulich-freiräumliches Konzept: Jo Coenen & Co Architekten, Luxemburg, Agence Ter Landschaftsarchitekten Karlsruhe; igs Hamburg 2013: RMP Stephan Lenzen Landschaftsarchitekten, Bonn; Neue Hamburger Terrassen: Beyer-Schubert Architekten, Berlin; S-Bahnhof Wilhelmsburg: Gössler Kinz Kreienbaum Architekten, Hamburg   Neue Mitte Wilhelmsburg energy alliance – in the network of synergies, Städtebaulich-freiräumliches Konzept: Jo Coenen & Co Architekten, Luxemburg, Agence Ter Landschaftsarchitekten Karlsruhe; igs Hamburg 2013: RMP Stephan Lenzen Landschaftsarchitekten, Bonn; Neue Hamburger Terrassen: Beyer-Schubert Architekten, Berlin; S-Bahnhof Wilhelmsburg: Gössler Kinz Kreienbaum Architekten, Hamburg

IBA-Dock

Das schwimmende Gebäude des IBA-Docks wird nicht nur die ständige Ausstellung und Büroräume für die IBA bis 2013 aufnehmen und damit erste Anlaufstelle für alle IBA-Interessierten werden, sondern auch als Gebäude selbst ein Exponat innovativer Bau- und Energiespartechnologien darstellen. Der ca. 50 Meter lange und 26 Meter breite Ponton aus Beton trägt Aufbauten in Modulbauweise aus Stahl. Das spart Gewicht und ermöglicht, die obere Modullage für den Fall eines notwendig werdenden Transportes zur Brückenpassage abmontieren zu können. Der Ponton wird an Dalben befestigt und wird sich mit der Tide täglich 3,5 Meter auf und ab bewegen, und auch bei einer Sturmflut schwimmt das Gebäude mit auf.

Das Energiekonzept des IBA-Docks beruht auf dem Zero-Balance-Konzept: einer CO_2-neutralen Klimatisierung des Gebäudes. Der notwendige Strombedarf einer durch Solarthermie unterstützten Elektro-Wärmepumpe (Wasser/Wasser) für die Kühl- und Heizdecken des Gebäudes wird durch eine Fotovoltaikanlage bilanziell gedeckt. Weitere Kühl- oder Heizenergie wird nicht benötigt. Planung und Bau des Energiesystems werden von der Immosolar GmbH als eine der offiziellen Sponsoren des IBA-Docks unterstützt. Die Planung übernahm der Hannoveraner Architekt Han Slawik.

Klimahäuser Haulander Weg

Am Haulander Weg soll mit den Klimahäusern am zukünftigen Stadtpark Wilhelmsburgs ein Musterprojekt für das klima- und ressourcenschonende Bauen des 21. Jahrhunderts entstehen. Planungsleitbild ist eine Siedlung der geschlossenen Energie- und Stoffströme, die ihre notwendige Energie vollständig selbst erzeugt. Bis zu 500 Wohneinheiten können hier entstehen, die Nutzung von Solarthermie, Fotovoltaik, Biomasse und Erdwärme sind neben einem hohen energetischen Gebäudestandard wichtige Bausteine für eine CO_2-neutrale Versorgung des Gebietes. Außerdem soll ein ganzheitliches und umfassendes Planungskonzept für die „Herausforderung Wasser" unter dem Einfluss des Klimawandels entwickelt werden. Kompo-

nenten hierfür sind Regenwassermanagement (Reinigung, Pufferung, Nutzung), Grau- und Schwarzwassertrennung, Hochwasserschutz und hochwasserangepasstes Bauen.

Zentrum für Klimafolgen-Engineering und -Management

In direkter Nachbarschaft zum Projektgebiet der Klimahäuser liegt das Zentrum für Klimafolgen-Engineering und -Management, das am 20. Februar 2008 offiziell eröffnet wurde. Es ist das erste seiner Art in Deutschland. Das als gemeinnützige Forschungseinrichtung in *Public Private Partnership* zwischen der Technischen Universität Hamburg-Harburg (TUHH) und dem Hamburger Bauunternehmen HC Hagemann construction group gegründete Zentrum agiert an der Nahtstelle zwischen Forschung und Praxis und soll den Transfer innovativer Techniken und Methoden zunächst auf dem Gebiet des Hochwasser- und Küstenschutzes beschleunigen.

Die Gründung und Ansiedlung des Zentrums in Wilhelmsburg entspricht in vollem Umfang den Leitlinien der IBA Hamburg, die einerseits für den Stadtteil Wilhelmsburg die nachhaltige Ansiedlung von Forschung und Wissenschaft anstrebt und andererseits für städtebauliche

Energie als Lieblingsfach – das innovative Bildungszentrum *Tor zur Welt* (bof Architekten mit Breimann & Bruun Landschaftsarchitekten)   Energy, the hot topic – innovative educational centre *Gateway to the World*, designed by bof Architekten with Breimann & Bruun landscape architects

ANKE HAARMANN AND HARALD LEMKE

Culture | Nature

An artistic and contextual forum for "The City under Climate Change"

What does it mean for art and culture to be involved in climate change, in the context of an International Building Exhibition? Climate change is one of the most important issues of our time, and every contemporary form of urban development has to find answers to global ecological questions. In the meantime, what contribution can art and culture make to this range of topics? How do they relate to urban development and in what way can they make climate change accessible? Three important questions! When we hear the words "climate change", we perhaps imagine lone polar bears, dried-up earth layers in the Sahara, or pictures of flood victims on rafts in Bangladesh. It has little to do with our experiences in everyday life. After all, which of us is directly affected by a dripping glacier? And yet this elusive topic seems to be on the tip of every tongue, because "nature" is in danger of reacting to interventions by "culture" with catastrophic floods, melting glaciers, torrential rainfall, and droughts. But what exactly is "nature" in this scenario, and what is its relationship to "culture"?

In the history of Western civilisation, nature and culture have become entrenched as opposites. Anything constituting wild nature was supposed to be tamed by civilised culture. Anything elaborated in a cultural sense cannot be regarded as natural. We perceive our environment on the basis of this contradiction. We separate the spheres of culture and nature, and city and countryside, from each other both artistically and naturally, even though the circumstances have changed: we no longer aspire to culture, but to protect nature. It is this all too "natural"

dichotomy between man and the environment that can be questioned through cultural reflection and the techniques of art.

What does this cultural inquiry into our relations with nature, especially our perception of the environment, mean for Elbe Islands and the Hamburg district of Wilhelmsburg? This is where the International Building Exhibition (IBA) Hamburg is being developed between 2007 and 2013; it was the location for the "Summer on Elbe Island" Culture | Nature forum, which was independently curated for the first time. It is an indisputable fact that plants like Oenanthe conioides and Carex atherodes will disappear from the Heuckenlock nature reserve in Wilhelmsburg, should the water level and tidal amplitude alter radically through climate change. Countless people would undoubtedly lose their homes and dramatic migrations would transform the political climate of the planet, if global sea levels rise as a result of the greenhouse effect. The Hamburg district of Wilhelmsburg and Elbe Islands inhabitants in particular had to experience the drastic consequences of a large-scale flood disaster in 1962. But is pure nature – in the form of the Elbe, wheat sedge, polar ice and the world's oceans – really the antithesis of urban culture?

The response of the French anthropologist Bruno Latour is no: he talks instead of *collectives* to bring home the message that we are never dealing with "pure nature", but with the many connections inextricably linking nature with culture. Neither are the *collectives*, in which natural and cultural actors coalesce, abstract concepts of "Nature" and "Culture", but instead

Internationale Bauausstellung (IBA) Hamburg zwischen 2007 und 2013 entwickelt werden soll und wo sich der 2008 erstmals unabhängig kuratierte Elbinsel Sommer durch die Ausstellungsplattform Kultur | Natur platziert? Unbestreitbar verschwinden der Schierlings-Wasserfenchel oder die Grannensegge im Heuckenlock, einem in Wilhelmsburg gelegenen Naturschutzgebiet, wenn sich der Wasserstand und Tidenhub der Elbe durch den Klimawandel drastisch verändern sollten. Ohne Zweifel würden unzählige Menschen ihrer Heimat beraubt und dramatische Wanderungsbewegungen würden das politische Klima des Planeten verändern, wenn durch den Treibhauseffekt der Wasserspiegel der Weltmeere anstiege. Die dramatischen Konsequenzen einer großen Flutkatastrophe mussten gerade Hamburgs Stadtteil Wilhelmsburg und seine Elbinselbewohner im Jahre 1962 erfahren. Aber stehen Elbe und Grannensegge, Polareis und Weltmeere als reine Natur wirklich im Widerspruch zur städtischen Kultur?

Nein, sagt der französische Anthropologe Bruno Latour und spricht von *Kollektiven*, um deutlich zu machen, dass wir es nie mit der „reinen Natur" zu tun haben, sondern mit den vielen Bezügen, die Natur mit Kultur unzertrennlich verknüpfen. Die *Kollektive*, in denen sich natürliche und kulturelle Akteure miteinander verbinden, sind auch nicht abstrakt, nicht „die Natur" und „die Kultur", sondern bilden spezifisch lokale Netzwerke oder *Kollektive*. Es ist die Geschichte von Wilhelmsburg, seine Nähe zum Hamburger Hafen, seine Wasser- und Deltasituation, seine Bevölkerungsstruktur, die politischen Machtverhältnisse und ökonomischen Dynamiken, die sich zu einem solchen *Kollektiv* verbinden, innerhalb dessen der Moorfrosch auszusterben droht, der Deich die Elbe vom Inland ausschließt, sich die Containerberge stapeln, Autobahnpläne wuchern, Kanäle unter Altlasten leiden und Fahrradwege gefordert werden. Sich dem Klimawandel als kollektiver Erfahrung und kulturellem Kontext zu nähern bedeutet, die konkreten Problemfelder und komplexen Realitäten von Wilhelmsburg zu untersuchen. Dafür nimmt das Ausstellungskonzept Kultur | Natur bewusst Bezug auf die viel diskutierte Problematik, inwieweit Kunst und Kultur zu Zwecken einer bloßen Aufwertung für die Stadtentwicklung instrumentalisiert werden. Gegenüber einer Aufhübschung durch schöne Kunst verfolgt die künstlerische und kontextuelle Plattform Kultur | Natur die Strategie der ortsspezifischen, problemorientierten Forschung sowie der *Kollektiven*-Reflexion.

Learning from Las Vegas – Der Strip als Plakatstrecke

Wilhelmsburg ist im Norden durch Hafenindustrie vom Hamburger Zentrum abgeschnitten. Mit Blick auf eine klimaschonende Verkehrspolitik fehlt bislang die Infrastruktur für Fahrradfahrer. Diese „natürliche" Umwelt der Wilhelmsburger aus Docklandschaften, Containerlagerplätzen und Industriegebäuden, durch die der Güterverkehr werktags donnert, wirkt stadtlandschaftlich wie eine Wüste. In ihrem Buch *Learning from Las Vegas* beschreiben die Architekten Venturi, Scott Brown und Izenour die Aufmerksamkeitspolitik, mit der in der Wüste Nevadas der berühmte *Strip* belebt wird, der durch Las Vegas führt: Plakatwälder, Lichterzeichen und Signalarchitektur weisen den Weg in und durch die Kommerz- und Kasinowelt. Von Las Vegas lernen muss nicht heißen, die Kommerz- und Kasinowelt zu kopieren, sondern die Strategien der Aufmerksamkeitspolitik aufzugreifen und für eine Belebung der Strecke zwischen Vogelhüttendeich und Landungsbrücken zu nutzen: Ein Plakataufruf hat über hundert Entwürfe aus allen Teilen der Bevölkerung nördlich und südlich der Elbe erbracht, die als Plakate in verschiedenen Größen auf der Strecke aufgestellt wurden. Die Plakatstrecke markiert als kollektive Skulptur symbolisch den Weg für eine zukünftige Fahrradtrasse und sie greift kulturell in das bestehende *Kollektiv* ein, das den Fahrradweg bis jetzt nicht realisiert hat. Die Plattform Kultur | Natur verleiht der von vielen Bewohnern schon lange aufgestellten Forderung des Baus eines sicheren und nachhaltigen Fahrradwegs sichtbare Zeichen.

Plakatmotive auf der *Fahrrad-Plakatstrecke*
zwischen Wilhelmsburg und Altem Elbtunnel
Posters for *Cycle Poster Strip* between Wilhelmsburg
and Alter Elbtunnel

Learning from Las Vegas – the Strip as poster trail

To the north, Wilhelmsburg is cut off from Hamburg city centre by the industrial harbour area. As far as climate-friendly transport policy is concerned, there has to date been no infrastructure in place for bikes. This "natural" environment for Wilhelmsburg residents – of docklands, container storage units, and industrial buildings – through which goods traffic thunders throughout the working week, looks like an urban wasteland. In *Learning from Las Vegas*, the architects Venturi, Scott Brown, and Izenour describe the attention-focusing concept that animates the famous Strip leading through Las Vegas in the Nevada desert: a sea of posters, light shows, and signature architecture point the way into and through the commercial world of casinos. Learning from Las Vegas need not necessarily mean copying its businesses and casinos, but instead embracing the attention-concentrating strategies, using them to revitalise the stretch between Vogelhüttendeich and Landungsbrücken: a call for poster submissions produced over a hundred designs from all sectors of the population north and south of the Elbe, and these were put up as posters of various sizes on this stretch. The poster trail, a *collective* sculpture, represents a symbolic marker of the route for a future cycle path, intervening culturally in the existing collective, which has not to date managed to achieve the cycle path. The Culture | Nature forum is thus providing visible signs of the residents' long-running demand for a safe and sustainable cycle path.

An archive for the arts

In another type of activity, the *Archive for the Arts*, the Culture | Nature forum exhibited art produced in the past in the Greater Hamburg area on the themes of climate, ecology, nature, and sustainability. Works by Ton Matton, Malte Willms, Joseph Beuys, Dan Peterman, Elisabeth Richnow, the Galerie für Landschaftskunst (Peter Fend, Florian Hüttner, Ralf Weissleder),

they constitute specific local networks. The history of Wilhelmsburg, its proximity to the Hamburg's harbour, its location on water and the delta, its demographic structure, the political balance of power, and the dynamics of the economy are the factors that combine to form this type of *collective*; within it, the moor frog is threatened with extinction, the dyke keeps the Elbe from flowing inland, the container mountains are stacked up, motorway schemes proliferate, canals suffer from a legacy of waste, and cycle paths are in demand. Approaching climate change as a collective experience and in a cultural context means examining the specific problem areas and complex realities of Wilhelmsburg. To do this, the Culture | Nature forum made conscious reference to the much debated problem of the extent to which art and culture can be brought into play in order to revaluate urban development. In contrast to prettification with fine art, the artistic and contextual Culture | Nature forum is pursuing the strategy of location-specific, problem-oriented research, as well as reflections on *collectives*.

Ein Archiv der Künste

Mit dem Archiv der Künste – einer weiteren Aktionsform – zeigte Kultur | Natur künstlerische Arbeiten, die in der Vergangenheit schon zu den Themen Klima, Ökologie, Natur und Nachhaltigkeit im Großraum Hamburg entwickelt worden sind. Arbeiten von Ton Matton, Malte Willms, Joseph Beuys, Dan Peterman, Elisabeth Richnow, der Galerie für Landschaftskunst (Peter Fend, Florian Hüttner, Ralf Weißleder), Nana Petzet, Lili Fischer und Kathrin Milan sind vom Geist der konzeptionellen Nachhaltigkeit im künstlerischen Nachdenken über Natur geprägt. Joseph Beuys war 1983 von der Kulturbehörde der Stadt Hamburg eingeladen worden, eine ortsbezogene Arbeit zu entwickeln, die sich mit Natur und Stadt auseinandersetzen sollte. Er schlug unter dem Titel *Gesamtkunstwerk Freie und Hansestadt Hamburg* vor, auf dem Spülfeld in Altenwerder eine Pflanzung mit über 800.000 Setzlingen zur Renaturierung des Geländes zu beginnen und in der Stadt gleichzeitig ein Büro für Umweltfragen einzurichten. Im Sinne seiner Vision einer „Sozialen Plastik" sollte dieses Vorhaben Impulse für eine neue ökologische Ausrichtung der Politik in der Hansestadt geben.

Ton Matton begann 2007 im Rahmen des letzten Elbinsel Sommers „Klimamaschinen" zu bauen, welche die Erderwärmung vorwegnehmen. Seine Klimamaschinen sind optimistische und provokative Forschungsapparate. Nicht der Klimawandel, sondern die Reaktionen der Gesellschaft werden untersucht. Durch eine interaktive Installation wird der Betrachter zum Koproduzenten klimatischer Veränderungen.

Das Archiv der Künste „recycelt" künstlerische Werte und setzt dem künstlerischen Produktivismus eine bedächtige, das heißt die vorhandenen Arbeiten bedenkende Ausstellungspraxis entgegen. Das Archiv selber wurde in der *Tonne* präsentiert, einem Gebäude, das seit 1994 als Rohbauruine leer steht. Ihre Glasstruktur verleiht ihr eine offene Natur, die in das neue Park- und Grünanlagensystem Wilhelmsburgs integriert ist. Die *Tonne* – der Sammelbehälter für Kunst – ist in der Größe überschaubar und zugleich

geräumig genug, um eine übersichtliche Anzahl von Arbeiten zu präsentieren. Ihre Architektur ist durchsichtig nach innen wie nach außen und lädt auch ahnungslose Spaziergänger zum Besuch ein. Gegen eine rein ökonomische Vermietungslogik, die das Gebäude an diesem Ort fünfzehn Jahre ungenutzt ließ, setzt das aneignende Ausstellungskonzept von Kultur | Natur ein nachhaltiges, Leerstand belebendes Zeichen, um die *Tonne* für Wilhelmsburg und für Kunst in Wilhelmsburg nutzbar zu machen.

Die Ausflüge des Denkens

Mit einer dritten Aktionsform, mit Exkursionen zu Land und zu Wasser, wurden im Rahmen von Kultur | Natur örtliche und inhaltliche Bezüge zwischen dem Zentrum der Ausstellung und seiner facettenreichen Umgebung hergestellt. Diese Ausflüge des Denkens sorgten unter anderem für die stadtphilosophische Verbindung von Wilhelmsburg mit der Hafenerweiterung, führten zu dem nahe gelegenen ehemaligen Müllberg in Georgswerder und zum geplanten Kohlekraftwerk in Moorburg oder tourten durch

Archiv der Künste in der *Tonne*, dem temporären Ausstellungsort von Kultur | Natur, einem ehemalig leer stehenden Gebäude am Veringkanal in Wilhelmsburg
The Archive for the Arts in the *Tonne*, the temporary exhibition space for Culture | Nature, a former abandoned building on Veringkanal in Wilhelmsburg

Künstlerisches Projekt: Beetskulpturen im Interkulturellen Garten   Art project: sculpture beds in the
intercultural garden

In using the format of Excursions in Thought, Culture | Nature is linking together local knowledge and philosophical reflections, setting theoretical thought alongside artistic practice. The curatorial concept is a conscious attempt to bridge the divide between intellectual and visual culture and build on the changes in the self-definition of the artistic and scientific disciplines. Artistic, philosophical and scientific works are seen as tools to present socially relevant, contemporary themes in different forms of cultural practice, and also make them accessible. The idea of artistic and contextual research refers to an intervention, an engaging form of outreach work that does not start from the premise of a closed work (the aesthetics of the work), but from the practices and strategies of location-specific, contextual reflection (the aesthetics of the place). The resultant understanding between art and theory goes consciously beyond the traditional division of the cultural field into separate artistic and scientific domains.

Elbinsel Sommers 2008, Kultur | Natur, auch auf eine Kunst im öffentlichen Interesse, um die Aufmerksamkeit auf gesellschaftliche Kräfte und urbane Lebensvollzüge zu lenken, die Teil einer sozial gestalteten Stadtentwicklung sein können.

Kultur in der Bauausstellung

Häufig wird das Bauen von der Technik her gedacht. Denkt man das Bauen jedoch vom Wohnen und das Wohnen vom Leben her, heißt das Bauen ausstellen: die komplexen Zusammenhänge und Metamorphosen zu begreifen, in denen das Stadtleben und die urbane Natur zu einem unentwirrbaren *Kollektiv* werden. Kunst und Kultur sind im Rahmen der Internationalen Bauausstellung Hamburg kein ideologischer Überbau, sondern ein wesentlicher Teil des Bauens selbst, indem sie die Verbindungen, Gegensätze und Machtverhältnisse zeitgenössischer Urbanität reflektieren. Zu einer nachhaltigen Stadtentwicklung, die ihren emanzipatorisch-normativen Namen verdient, gehört es, Bauprozesse kulturell (künstlerisch und philosophisch) zu begleiten und örtliche Lebensprozesse architektonisch zu verräumlichen. Das Ausstellungskonzept Kultur | Natur, als unabhängig kuratiertes Format im Rahmen der Internationalen Bauausstellung Hamburg, erhebt nicht den Anspruch, die bessere Stadtplanung zu sein. Es schafft indes Reflexionsmöglichkeiten und Handlungsräume, die der herkömmliche Stadtbau nicht kennt. Kunst in einer Bauausstellung markiert die Chance, ein reflektierendes und gestalterisches Potential zu nutzen, um die komplexen Dynamiken und Top-down-Prozesse einer politischen Stadtentwicklung im Sinne eines kollektiv erweiterten Stadtplanungsbegriffs „von unten" zu lenken und – umzubauen.

Im Peutegrund, das künstlerische Projekt von Nana Petzet, bei dem sie mit Unterstützung des BUND Teile des Peutehafens (Veddel) symbolisch von japanischem Knöterich befreite   *On Peutegrund*, art project by Nana Petzet, supported by the BUND (Friends of the Earth): symbolically ridding sections of Peute harbour (Veddel) of Japanese knotweed

The art projects

By way of a collective consultation about the change in the urban climate and the concept of nature in Wilhelmsburg, a fourth Culture | Nature activity involving six local and international artists, initiatives or groups was set up to initiate local projects or continue to develop existing ones. Artistic projects by the Critical Art Ensemble, the Intercultural Garden, the Fährstrasse Festival, Nana Petzet, Susan Leibovitz Steinman, and Ala Plástica engage with Wilhelmsburg as a locality.

Ala Plástica, a group of artists from Argentina, came across the topic of transitions in the course of their investigations. The dyke acts as a frontier and assurance of safety, located between nature and the tidal wood in Heuckenlock, and the agricultural and urban landscape in Wilhelmsburg. As part of their performance, Ala Plástica placed a willow tree on the dyke, creating a plant-based transition, and questioned the safety discourse and the idea that partitions can be effective against the forces of nature.

The Intercultural Garden is an artistic and social project providing a creative response to industrial and social contamination by making garden bed sculptures and working on intercultural gardening. Growing flowers, vegetables, and herbs means cultivating a piece of your own life, and overcoming urban alienation from nature and fellow human beings.

Nana Petzet discovered the "Peutegrund" for herself – an area liable to flooding in the middle of Hamburg harbour. A Veddel resident herself, the artist mapped out and recorded the plant and animal life in Peutegrund, and in a symbolic act of ridding the area of Japanese knotweed, countered the notion of the "natural development" of nature. Petzet's artistically provocative work suggests that we consider the idea that harbour and nature do not have to be diametrically opposed, and that an integrated network of many small harbour biotopes, flexible both temporally and spatially, would offer the best prospect for a "green" harbour. Artistic processes, which express art as a

practice of urban life, radicalise the concept of participation. While the traditional approach of participatory art is often based on cooperation between artists and civic groups, aiming to produce new social contexts through participation in cultural processes, the artistic and contextual Culture | Nature forum of "Summer on Elbe Islands" 2008 also concentrates on art in the public interest: the aim is to focus attention on the social forces and day-to-day urban life that can be part of a socially modelled form of urban development.

Culture in the Building Exhibition

Building is often thought of from a technical point of view. Yet, if building is seen from the perspective of living and living from the perspective of life, then to exhibit building means understanding the complex relations and metamorphoses that make city life and urban nature into one inextricable *collective*. Art and culture are not an ideological superstructure in the context of the International Building Exhibition Hamburg, but an essential part of building itself, by reflecting the connections, oppositions and power relations in contemporary urban life. A sustainable form of urban development, which deserves to be called emancipatory and normative, involves following the route of building processes in a cultural sense (artistically and philosophically) and spatialising local life processes in architectural form.

The Culture | Nature forum, as an independently curated format within the context of the International Building Exhibition Hamburg, does not claim to be the better form of urban planning. It does, however, create possibilities for reflection and spaces for action, which are unfamiliar to traditional municipal planning. Art in a building exhibition signals the opportunity to use reflective and creative options in order to channel and reconstruct – "from the bottom up" – the complex dynamics and top-down processes of political urban development, in terms of a town planning concept extended to the *collective*.

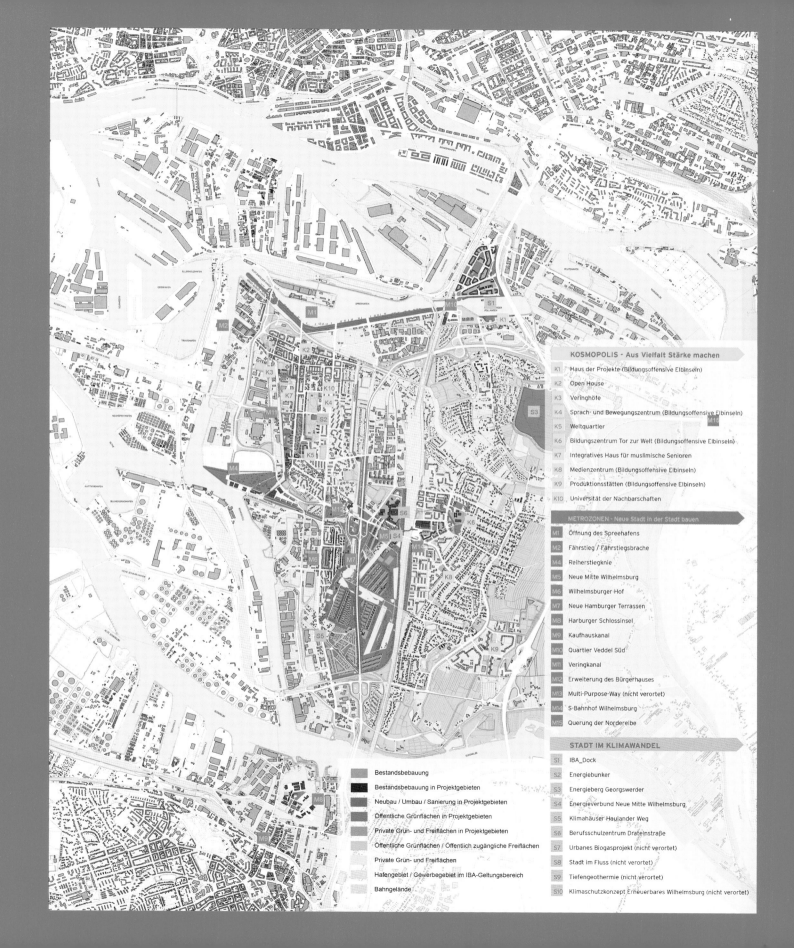

KOSMOPOLIS - Aus Vielfalt Stärke machen

K1	Haus der Projekte (Bildungsoffensive Elbinseln)
K2	Open House
K3	Veringhöfe
K4	Sprach- und Bewegungszentrum (Bildungsoffensive Elbinseln)
K5	Weltquartier
K6	Bildungszentrum Tor zur Welt (Bildungsoffensive Elbinseln)
K7	Integratives Haus für muslimische Senioren
K8	Medienzentrum (Bildungsoffensive Elbinseln)
K9	Produktionsstätten (Bildungsoffensive Elbinseln)
K10	Universität der Nachbarschaften

METROZONEN - Neue Stadt in der Stadt bauen

M1	Öffnung des Spreehafens
M2	Fährstieg / Fährstiegsbrache
M4	Reiherstiegknie
M5	Neue Mitte Wilhelmsburg
M6	Wilhelmsburger Hof
M7	Neue Hamburger Terrassen
M8	Harburger Schlossinsel
M9	Kaufhauskanal
M10	Quartier Veddel Süd
M11	Veringkanal
M12	Erweiterung des Bürgerhauses
M13	Multi-Purpose-Way (nicht verortet)
M14	S-Bahnhof Wilhelmsburg
M15	Querung der Norderelbe

STADT IM KLIMAWANDEL

S1	IBA_Dock
S2	Energiebunker
S3	Energieberg Georgswerder
S4	Energieverbund Neue Mitte Wilhelmsburg
S5	Klimahäuser Haulander Weg
S6	Berufsschulzentrum Dratelnstraße
S7	Urbanes Biogasprojekt (nicht verortet)
S8	Stadt im Fluss (nicht verortet)
S9	Tiefengeothermie (nicht verortet)
S10	Klimaschutzkonzept Erneuerbares Wilhelmsburg (nicht verortet)

Bestandsbebauung

Bestandsbebauung in Projektgebieten

Neubau / Umbau / Sanierung in Projektgebieten

Öffentliche Grünflächen in Projektgebieten

Private Grün- und Freiflächen in Projektgebieten

Öffentliche Grünflächen / Öffentlich zugängliche Freiflächen

Private Grün- und Freiflächen

Hafengebiet / Gewerbegebiet im IBA-Geltungsbereich

Bahngelände

Kosmopolis

Wie kann eine immer internationaler werdende Stadtgesellschaft mit ihren Potenzialen, aber auch mit Spannungen optimal um-gehen?

Cosmopolis

How can an increasingly multicultural urban society exploit its potentials to the full, while still dealing with tensions?

Mit der Vielfalt der Kulturen in unseren Städten nehmen auch die Konflikte zu: Vielfalt hat oft Abgrenzung zur Folge. Aber wo Kulturen und Lebensstile aneinanderstoßen, an den Grenz-orten und Bruchstellen der Stadtgesellschaft, eröffnen sich auch Chancen: Erst die Kom-bination von Sichtweisen und Ideen schafft etwas wirklich Neues - neue Ideen, Produkte oder Lebensanschauungen. Dazu müssen aber drohende Gräben überwunden werden. Mit über 40 Nationalitäten auf 28 Quadratkilometern können die Elbinseln zeigen, wie unterschied-liche Kulturen ein gemeinsames Stadtgefühl entwickeln können.

Die IBA Hamburg möchte, entsprechend dem ersten ihrer drei Leitthemen, zwischen der HafenCity und Harburg eine „Kosmopolis" schaffen: neue Stadträume, in denen sich die Kulturen der Stadtgesellschaft des 21. Jahrhun-derts mit ihren vielen Ansprüchen entfalten können - ohne den Zwang zur Mischung, aber mit der Möglichkeit zum Brückenbauen. Dabei entstehen neue kulturelle und soziale Angebote und neue Möglichkeiten, bei der Gestaltung der Stadtgesellschaft mitzuwirken. Reibung erzeugt Energie - richtig genutzt ist sie ein Gewinn für die Stadt.

The diversity of cultures in our cities brings with it a rise in conflicts, and often results in the creation of boundaries. But where cultures and lifestyles clash, on the fringes and rup-ture points of urban society, possibilities also emerge: it takes combined views and insights to create something really new - fresh ideas, pro-ducts or approaches to life. For this to happen, however, pitfalls have to be negotiated. With over forty nationalities in a 28 square kilometre area, the Elbe islands can show how diverse cul-tures can develop a shared attitude to their city. Reflecting the first of its key themes, IBA Ham-burg seeks to create a "cosmopolis" between HafenCity and Harburg: new urban spaces in which tewnt-first-century urban cultures can evolve according to their aspirations and needs, without the pressure to integrate, but with the option of building bridges. In this way new cultural and social attractions will emerge, along with fresh opportunities to participate in shaping urban society. Friction creates energy and, properly used, it is an asset to the city.

Weltquartier

Eine sanierungsbedürftige Wohnsiedlung im Reiherstiegviertel ist ein idealer Ort, um ein neues Miteinander verschiedener Kulturen zu erproben. In einem umfangreichen Betei-ligungsprozess - unter anderem mit einer Interkulturellen Planungswerkstatt und mit „Heimatforschern" - wurden die Bedürfnis-se der 1700 Bewohner ermittelt und in einen Empfehlungskatalog für den städtebaulichen Ideenwettbewerb (1. Preis: kfs Architekten mit Andresen + Schlie Landschaftsarchitektur, Lü-beck) eingebracht. Das „Weltquartier" soll nach den Exzellenzkriterien der IBA als Modellprojekt für interkulturelles Wohnen bis 2014 umgebaut werden. Projektpartner sind die SAGA GWG und Pro Quartier.

Global Neighbourhood

A housing estate in need of refurbishment in the Reiherstieg district is an ideal place to try out a new cooperation scheme between different cul-tures. In a comprehensive participation process - including an Intercultural Design workshop and local historians - the needs of the 1700 residents were identified and incorporated into a portfolio of recommendations for the urban architecture ideas competition (first prize: kfs Architekten with Andresen + Schlie Landschaftsarchitektur, Lübeck). The "Global Neighbourhood" is to be reconstructed by 2014 as a model project for intercultural living, in accordance with the IBA excellence criteria. Project partners are SAGA GWG and Pro Quartier.

Tor zur Welt

In Wilhelmsburg entsteht eine außergewöhnlich innovative Bildungseinrichtung (Entwurf: bof architekten mit Breimann & Bruun Landschaftsarchitekten, Hamburg). Als „Lernende Stadt in der Stadt" verbindet sie öffentliche Räume mit Neubauten für zwei Schulen, ein bestehendes Gymnasium, ein School & Business Center und ein Multifunktions-, Umwelt- und Sciencezentrum zu einem Bildungskomplex mit engem Bezug zum Stadtteil. Die kompakten Gebäude in Passivhausbauweise mit zentraler Energieversorgung und PV-Modulen werden neue Energiestandards für Hamburger Schulgebäude setzen. Projektpartner sind die GWG Gewerbe und die Behörde für Schule und Berufsbildung.

Gateway to the World

An extremely innovative educational facility is being set up in Wilhelmsburg (design: bof Architekten with Breimann & Bruun Landschaftsarchitekten, Hamburg). As a "learning city within the city", it combines public spaces with two new school buildings, an existing secondary school, a school and business centre and a multifunctional environment and science centre to form an educational complex that is directly relevant to the district. The compact buildings, constructed to passive house standard with a centralised energy supply and PV modules, will set new energy standards for Hamburg schools. Project partners are GWG Gewerbe and the Ministry for Schools and Vocational Training.

Haus der Projekte

Der Verein „get the kick" e. V. plant eine Einrichtung zur Qualifizierung von Jugendlichen ohne Ausbildungsplatz. Hierfür wird eine kleine Bootsbauwerkstatt am Südufer des Müggenburger Zollhafens entstehen. Zudem sollen Freizeit- und Kulturangebote für Jugendliche und junge Erwachsene auf der Veddel, die heute das „Haus der Jugend" bietet, hierhin überführt werden. Die IBA richtete einen Architekturwettbewerb aus, eine Spitzenfinanzierung für Maßnahmen der IBA-Exzellenz ist in Aussicht gestellt. Neben „get the kick" e. V. sind der Bezirk Hamburg-Mitte und die Behörde für Stadtentwicklung und Umwelt wichtige Projektpartner.

Project Centre

The "Get the Kick" association is planning a facility to help young people without apprenticeship places. This will involve setting up a small boat-building workshop on the south bank of Müggenburg customs harbour. Leisure and cultural activities for youths and young adults in the Veddel district, which are currently provided by the Youth Centre, are also to be transferred there. The IBA is organising an architecture competition, and high-level funding to meet IBA Excellence standards is envisaged. As well as "Get the Kick", the Hamburg-Mitte district and the Ministry for Urban Development and the Environment are major partners in the project.

Universität der Nachbarschaften

In dem IBA-Ideenwettbewerb „Experiment auf der Insel" haben Studenten der HafenCity Universität (HCU) Nutzungskonzepte für ein brachliegendes Grundstück im Reiherstiegviertel entwickelt. Ein leerstehendes Gebäude soll temporär als „Universität der Nachbarschaften" genutzt werden. Das interdisziplinär angelegte Projekt will die Studierenden in den Entwicklungsprozess einbeziehen und den Bestandsbau in einen Arbeits- und Veranstaltungsort umwandeln. Dabei sollen Themen aus dem Stadtteil integriert werden. Konzept und Programm werden gemeinsam mit dem Partner HCU und in Kooperation mit der Kulturfabrik Kampnagel jährlich neu entwickelt.

University of the Neighbourhoods

As part of the IBA ideas competition "Experiment on the Island", students from HafenCity University (HCU) developed concepts for the utilisation of a disused plot of land in the Reiherstieg district. An empty building is to be employed on a temporary basis as a "University of the Neighbourhoods". This interdisciplinary project aims to involve the students in the development process and transform the traditional building into a place for work and events. It also involves integrating themes from the local area. The concept and the programme will be redeveloped on an annual basis with HCU as partners and in cooperation with the Kampnagel Kulturfabrik (Kampnagel Culture Factory).

Metrozonen
Welche städtebaulichen Möglichkeiten stecken in den Grenz- und Übergangsorten der Metropole?

Metrozones
What urban development opportunities are tucked away in the peripheries and transition zones of the metropolis?

Verkehrsschneisen, Brücken, Bahngelände, Kanäle, dazwischen Reste alter Stadtviertel, neue Bürotürme, Hallen - und immer wieder wildes Grün, mitunter ein verlorener Garten. Mal Landschaft, Weite, Ruhe, dann wieder Lärm, Verkehr, Geschwindigkeit. Diese Räume gibt es in vielen europäischen Metropolen, oft am Rand der Innenstädte. Die Elbinseln sind ein Beispiel für diese inneren Stadtränder: ein metropolitanes Patchwork zwischen Stadt und Hafen, Industrie und Marsch, durchschnitten von großen Verkehrsschneisen. Hier ist viel Raum für eine neue Stadt mitten in der Stadt, nur wenige Kilometer von der City entfernt. Mit dem Leitthema „Metrozonen" entwirft die IBA Hamburg ein Zukunftsbild für Orte, die auf den Brüchen und der Vielfalt der inneren Stadtränder aufbauen und deren harte Gegensätze durch neue Verbindungslinien überbrücken.
Erstmals wird eine Internationale Bauausstellung gemeinsam mit einer Internationalen Gartenschau (igs) durchgeführt. Darin liegt eine große Chance, die zerrissene Stadt mit städtebaulichen und landschaftsplanerischen Maßnahmen gleichwertig zu reparieren. Zudem sollen neue rechtliche und politische Instrumente helfen, Konflikte zwischen oft ungleichen Nachbarn zu schlichten. Denn nur produktives Miteinander stärkt die Metropole.

Swaths of traffic, bridges, railway yards, canals, interspersed with the remnants of the city's old quarters, new office towers, public buildings - punctuated with areas of wild greenery, with the odd overgrown garden. Then landscape, wide open spaces and quiet spots, giving way once more to noise, traffic and speed. Many a European metropolis has such spaces, often on the outskirts of the inner city. The Elbe islands are an example of these inner urban peripheries: a metropolitan patchwork between city and port, industry and marsh, dissected by wide bands of traffic. There is plenty of room here for a new town within the city, only a few kilometres away from the main centre. With its key theme "Metrozones", IBA Hamburg is mapping out a future for places built on the fractures and diversity of the inner urban fringes that will bridge their harsh contrasts with new connections.
For the first time an International Building Exhibition is being held in conjunction with an International Garden Show (igs). This provides a wonderful opportunity to repair the broken city, making equal use of urban development and landscaping approaches. New legal and political instruments should also help to smooth over conflicts between often diverse neighbours. For it is only through working together productively that the metropolis will grow in strength.

Neue Mitte Wilhelmsburg
Schnellstraße und Bahntrasse haben das geografische Zentrum der Elbinsel auseinander gerissen und ein Niemandsland hinterlassen. Wie verbindende Puzzlestücke fügen sich die IBA-Projekte für die Neue Mitte Wilhelmsburg in diese Lücke: neben der Behörde für Stadtentwicklung und Umwelt (BSU) sollen dort Gewerbe, Bürogebäude, ein Hotel sowie experimentelle Wohnbauten und Sportnutzungen angesiedelt werden. Der Berta-Kröger-Platz wird aufgewertet, der S-Bahnhof modernisiert, eine neue Fußgängerbrücke errichtet und die Rathauswettern für den Schiffsverkehr ausgebaut. Projektpartner sind die igs, die BSU und die Finanzbehörde Hamburg.

New Wilhelmsburg Centre
The geographical centre of Elbe Islands has been torn apart by expressways and railway tracks, which have left a no man's land in their wake. Like the missing pieces of a puzzle, the resulting gaps are being filled by the IBA projects for Neue Mitte Wilhelmsburg: as well as the Ministry for Urban Development and the Environment (BSU), businesses, office buildings, a hotel, experimental homes, and sports facilities are all to be located there. Berta-Kröger-Platz is to be upgraded, the S-Bahn modernised, a new footbridge built and the Rathauswettern canal extended for shipping traffic. The project partners are igs, the BSU and Hamburg's Ministry of Finance.

Neue Hamburger Terrassen

Das ist typisch für Hamburg: die Terrassen, kleinteilige Hinterhofbauten der Gründerzeit. In Nachbarschaft zum Park der igs wird die traditionelle Bauweise für junge Stadtpioniere neu aufgelegt: dort sind rund 80 ressourcenschonende Familien-Stadthäuser in moderner Gestaltung für das Wohnen und Arbeiten unter einem Dach geplant (erster Bauabschnitt bis 2010, zweiter bis 2013). Ein Entwurf von LAN Architecture mit BASE Landschaftsarchitektur, Paris, gewann den 1. Preis eines Ideen- und Realisierungswettbewerbs. Das benachbarte Wasserwerk wird zur Gastronomie mit Brauerei umgenutzt. Projektpartner ist der Bauverein Reiherstieg eG.

New Hamburg terraces

Terraces – intricate back courtyard structures dating back to the nineteenth century – are characteristic of Hamburg. A fresh expression is given to this traditional design for young city pioneers in the vicinity of the igs park: around eighty resource-saving family townhouses in a modern idiom are planned to provide living and working space under the same roof (first construction phase by 2010, second by 2013). A design by LAN Architecture with BASE Landschaftsarchitektur, Paris, won first prize in a concept/implementation competition. The neighbouring waterworks is being converted into a restaurant and brewery. The project partner is Bauverein Reiherstieg eG.

Harburger Schlossinsel

Schon heute ist der Harburger Binnenhafen auf dem Weg zum maritimen Stadtteil. Im Zuge der IBA sollen modellhafte Lösungen für eine gute Nachbarschaft von Hafengewerbe und Wohnen am Wasser gefunden werden, zudem ist ein neuer Park geplant. In einem konkurrierenden Gutachterverfahren der IBA Hamburg und des Projektpartners „Becker Marine Systems" für ein „Maritime Competence Center" vergab eine Jury zwei erste Preise: für die Entwürfe von Lorenz + Partner Architektur Projektentwicklung GmbH (siehe Abbildung) und von Wacker Zeiger Architekten, beide aus Hamburg. Bereits 2009 sollen die Bauten bezogen werden.

Harburg Castle Island

Harburg's river port is already on the way to becoming the maritime district of the city. With the IBA's impetus, model solutions will be found for peaceful coexistence of port operations and waterside, and a new park is also being planned. In a competitive tender for a "Maritime Competence Centre", issued by IBA Hamburg and project partners "Becker Marine Systems", a panel of judges awarded two first prizes: for designs by Lorenz + Partner Architektur Projektentwicklung GmbH (see image) and by Wacker Zeiger Architekten, both from Hamburg. The buildings should be occupied as early as 2009.

Reiherstiegknie

An einem der außergewöhnlichsten Orte der Elbinsel – dem Reiherstiegknie mit der Rethe-Hubbrücke und dem monumentalen Rethe-speicher – ist ein wassernaher Hafen-Landschaftspark geplant, der über eine Promenade zum Westeingang der igs 2013 weitergeführt wird. Rund 23 Hektar brachliegende Flächen könnten nach ihrer Sanierung für innovative Hafennutzungen zur Verfügung gestellt werden. Bereits zweimal – zuletzt im August 2008 – war das Reiherstiegknie Schauplatz von „Dockville", einem dreitägigen Open-Air-Festival für Musik und Kunst. Projektpartner sind igs, BSU, Hamburg Port Authority und die Finanzbehörde Hamburg.

Reiherstiegknie

At one of the most unusual spots on Elbe Islands – the Reiherstiegknie area with the Rethe lift bridge and the massive Rethe granary – plans are underway for a landscaped harbour park beside the water, which will extend via an esplanade to the west entrance of igs 2013. There is the capacity after its redevelopment for around 23 hectares of derelict land to be made available for innovative harbour-related activities. On two occasions already, most recently in August 2008, Reiherstiegknie was the location for "Dockville", a three-day open-air festival for music and the arts. Project partners are igs, BSU, Hamburg Port Authority and Hamburg Ministry of Finance.

Stadt im Klimawandel
Wie kann eine Metropole ihren Bedarf an Energie und Komfort befriedigen und dennoch die natürlichen Ressourcen schonen?

Cities and Climate Change
How can a metropolis meet its energy and comfort needs, while still protecting natural resources?

Metropolen sind Kraftfelder des Handels, der Produktion und des Verkehrs, die auf Wachstum setzen. Sie tragen eine besondere Verantwortung für die Welt, schließlich sind sie es, die mit Flächenverbrauch, Gebäudeproduktion, Verkehrs- und anderen Emissionen entscheidend zu den uns alle bedrohenden Folgen des Klimawandels beitragen.

Große Städte müssen wachstums- und investitionsstark sein, um im Globalisierungswettlauf zu bestehen, dies aber mit den Erfordernissen des Klimaschutzes und der Ressourcenschonung vereinbaren. Auf den Hamburger Elbinseln treffen Wachstums- und Umweltbelange beispielhaft aufeinander: Einerseits soll der Hafen als Wachstumsmotor ständig expandieren, sollen die Elbinseln mit neuen Quartieren zum Wohnstandort der wachsenden Stadt entwickelt werden, andererseits bieten die Marschlandschaften grüne Biotope am Wasser.

Seit der Sturmflut von 1962 ist gerade auf den Elbinseln jedem klar, wie anfällig ein tief liegendes Gebiet für die Folgen des Klimawandels ist. Mit ihrem dritten Themenschwerpunkt sucht die IBA Hamburg nach Lösungen für die klimaverträgliche Metropole, die wächst, ohne die Umwelt zusätzlich zu belasten, und die Energie erzeugt, statt sie nur zu verbrauchen. „Stadt im Klimawandel" beleuchtet die nachhaltige Metropole.

Metropolises, as powerhouses for trade, manufacturing and transport, rely on growth. They have a special responsibility to the world; after all, they are the ones making a critical contribution to all the threats we face from climate change, thanks to their use of land, construction of buildings, as well as traffic and other emissions.

Big cities have to be strong in terms of growth and investment, in order to keep abreast of global competition, but they have to combine this with the demands of climate protection and the preservation of resources. On Hamburg's Elbe islands, issues of growth and environment meet in exemplary fashion: on the one hand, the port as an engine of growth should experience continuous expansion, and the Elbe islands with their new districts should be developed into the residential area of the burgeoning city; on the other hand, the marsh landscapes offer green biotopes on the water.

Since the floods of 1962, it has been obvious to everyone on the Elbe islands, in particular, just how susceptible a low-lying area is to the consequences of climate change. With its third thematic priority, IBA Hamburg is seeking strategies for a climate-friendly metropolis that grows without adding to environmental problems, and creates energy instead of just consuming it. "Cities and Climate Change" throws a spotlight on the sustainable metropolis.

IBA-Dock
Im Müggenburger Zollhafen, gegenüber der Ballinstadt, entsteht ein schwimmendes Ausstellungs- und Bürogebäude. Ab 2009 dient es als zentrale Anlaufstelle für Besucher der Internationalen Bauausstellung sowie als Sitz der IBA Hamburg GmbH, ab 2014 soll das „IBA-Dock" Büros von Start-up-Unternehmen beherbergen. Das Gebäude wird auf einem Hohlkammerponton aus Beton errichtet, dessen Aufbauten gewichtsparend in Modulbauweise gefertigt werden. Das Energiekonzept beruht auf dem Zero-Balance-Konzept. Heizung und Kühlung des IBA-Docks erfolgen somit CO_2-neutral. Das Projekt wird von den Sponsoren Immosolar, Eternit, Lindenblatt und Gottzmann unterstützt.

IBA-Dock
A floating exhibition and office building is being created in Müggenburg customs harbour, opposite Ballinstadt. From 2009 on, it will act as the main contact point for visitors to the International Building Exhibition as well as being the headquarters for IBA Hamburg GmbH; after 2014 the "IBA-Dock" will also provide office accommodation for start-up companies. The building will be constructed on a hollow-section concrete pontoon, using a modular system for the superstructure to save on weight. The energy concept is based on the zero balance idea, so the IBA-Dock's heating and cooling systems will be CO_2-neutral. The project is supported by the sponsors Immosolar, Eternit, Lindenblatt and Gottzmann.

Energieberg Georgswerder

Die 40 Meter hohe gesicherte und geschlossene Deponie Georgswerder birgt ein großes Potenzial zur Erzeugung erneuerbarer Energien: Wind- und Sonnenenergie, Bio- und Deponiegas sowie die thermische Nutzung des Grund- und Sickerwassers. Allein mit den geplanten Projekten zur Stromerzeugung aus Wind- und Sonnenenergie können mindestens 2000 private Haushalte versorgt werden. Der sanierte Müllberg soll öffentlich zugänglich gemacht werden und eine Windkraftanlage als Aussichtsturm erhalten. Projektpartner sind die Klimaleitstelle, das Amt für Umweltschutz und das Amt für Natur- und Ressourcenschutz der BSU.

Georgswerder energy hill

The 40 metres high, secured and closed landfill site at Georgswerder has great potential for producing renewable energies: wind and solar power, bio- and landfill gases, and the thermal utilisation of ground and seepage water. At least 2000 private households can be supplied by the planned projects for power generation from wind and solar power alone. The aim is to make the refurbished landfill mound accessible to the public, using a wind turbine as a viewing tower. Project partners are the Climate Control Centre, the Office for Environmental Protection and the Office for Nature and Resource Protection of the BSU.

Klimaschutzkonzept Erneuerbares Wilhelmsburg

Das Klimaschutzkonzept soll zum Schlüsselprojekt Hamburgs im Bereich des Klimaschutzes und einer zukunftsweisenden Energiepolitik werden. Ziel ist die schrittweise Umstellung Wilhelmsburgs und der Veddel (als Pilotstadtteile für Hamburg) auf eine CO_2-neutrale und regenerative Energieversorgung. Im ersten Schritt soll die vollständige Klimaneutralität aller baulichen Projekte der IBA erreicht werden. Wesentlicher Bestandteil des Pilotkonzeptes ist die lokale sozio-ökonomische Verankerung auf der Elbinsel. Projektpartner: Klimaleitstelle und Amt für Natur- und Ressourcenschutz der BSU; Wohnungsbaukreditanstalt.

Climate protection concept "Renewable Wilhelmsburg"

This concept is to be Hamburg's key project in the area of climate protection and a pioneering energy policy. Its aim is the gradual conversion of Wilhelmsburg and Veddel (as pilot districts for Hamburg) to a CO_2-neutral, renewable energy supply. As a first step, total climate neutrality for all IBA building projects is to be achieved. A substantial component of the pilot concept is that it is embedded in the local socio-economic context of Elbe Islands. Project partners: the Climate Control Centre and the Office for Nature and Resource Protection of the BSU; the Wohnungsbaukreditanstalt.

Energieverbund Neue Mitte Wilhelmsburg

Gemeinsam mit der igs 2013 errichtet die IBA Hamburg im Eingangsbereich der Gartenschau rund 140.000 Quadratmeter Bruttogeschossfläche. Die Neu- und Bestandsbauten werden nicht nur energetisch optimiert: Durch den Verbund unterschiedlicher Nutzer, den Einsatz von Kraft-Wärme-Kopplung und die Nutzung von Sonnenenergie und Umweltwärme entstehen erhebliche Synergien bei der Energieerzeugung und beim Verbrauch. Auf diese Weise wird ein Maximum an Energieeffizienzsteigerung und damit CO_2-Minimierung erreicht. Projektpartner sind die Klimaleitstelle und das Amt für Natur- und Ressourcenschutz der BSU.

Neue Mitte Wilhelmsburg energy alliance

IBA Hamburg and igs 2013 are involved in a joint building project covering around 140,000 square metres at the entrance to the Garden Show. New and existing buildings are not only being optimised in terms of energy: considerable synergies in energy production and consumption are being created through the alliance of diverse users, the application of combined heat and power units and the utilisation of solar energy and environmental heat. In this way energy efficiency can be increased to the maximum and, with it, the minimisation of carbon emissions. Project partners are the Climate Control Centre and the Office for Nature and Resource Protection of the BSU.

Dialog- und Beteiligungs- maßnahmen im Rahmen der IBA Hamburg

Die Konzepte und Projekte der IBA Hamburg haben Auswirkungen auf die Elbinseln – und darüber hinaus. Wie kann die oder der Einzelne sich informie- ren, mitwirken und auch Einwände erheben?

IBA Hamburg: Dialogue and Participation Process

IBA Hamburg's concepts and projects affect the Elbe islands, and beyond. How can individual people find out information, get involved, and also raise objections?

Die IBA Hamburg erfasst alle Ebenen der Stadtpolitik. Gerade beim gesellschaftlich hoch sensiblen Leitthema „Stadt im Klimawandel" sollen mit einem komplexen Instrumentarium möglichst viele Kräfte und Interessen einbe- zogen werden. Denn ohne Dialog und Beteili- gungsmöglichkeiten für alle kann die IBA ihre Ziele nicht erreichen. Über die bereits ange- schobenen Projekte hinaus werden bis 2013 viele weitere Ideen folgen, die gemeinsam mit Bürgern vor Ort und mit Investoren umgesetzt werden sollen. Nur langfristig und mit vereinten Kräften lassen sich Antworten auf Zukunftsfra- gen der Metropole finden.

Planung ist Kommunikation – so lautet ein viel zitierter Lehrsatz der Stadtentwicklung. In Abwandlung für die IBA bedeutet das: Zukunft entsteht im Dialog: zwischen Fachleuten und Politikern, zwischen Planern und der Öffentlich- keit, mit den Unternehmen, den Behörden – und vor allem mit den Bürgern. Bereits im Dezember 2006 wurde das gemeinsame Beteiligungsgre- mium von IBA und Internationaler Gartenschau (igs hamburg 2013) ins Leben gerufen. Zudem stellen sich IBA und igs im Rahmen des Bürger- dialogs regelmäßig den Fragen und Anregungen der Wilhelmsburger Bürger. Eine weitere tragen- de Säule sind die Fachveranstaltungen der IBA.

IBA Hamburg encompasses all levels of munici- pal policy. For the highly sensitive, key social theme of "The City under Climate Change", a complex arsenal of measures is to be applied to involve the maximum number of pressure- groups and interests. For without the chance for everyone to communicate and participate, the IBA cannot achieve its objectives. Beyond the projects already kick-started, plenty of other ideas will follow by 2013, and these have to be implemented together with local citizens and investors. Answers to questions about the future of the metropolis can only be found in the long term and by joining forces.

Planning is all about communication, according to a much quoted maxim of urban development. Modified for the IBA, it means that the future will develop through dialogue – between experts and politicians, planners and the public, with employers, with authorities and, above all, with citizens. As early as December 2006, the joint participation council was set up by the IBA and the International Garden Show (igs Hamburg 2013). In addition, the IBA and igs regularly face questions and suggestions from Wilhelmsburg residents at events involving dialogue with citizens. IBA's specialist events are yet another mainstay of this process.

IBA-Forum

Zum Abschluss des Auftaktjahres 2007 lud die IBA Hamburg zum IBA-Forum „Metropole: Reflexionen". Wie organisieren wir das Zusam- menleben in einer zunehmend internationalen Gesellschaft? Wie überwinden wir räumliche und gedankliche Barrieren in unseren Städten? Wie kann man eine neue Stadt in der Stadt bauen – auch an Orten, die bisher kaum zum Wohnen geeignet schienen? Und wie können wir die enormen Herausforderungen des Kli- mawandels meistern? Mit ihren Leitfragen reiht sich die IBA Hamburg ein in die Folge von Bau- ausstellungen, die seit über 100 Jahren immer wieder Antworten auf Zukunftsfragen ihrer Zeit gegeben haben.

IBA Forum

To round off the 2007 inaugural year, IBA Ham- burg extended an invitation to attend the IBA Forum, "Metropolises: Reflections". How do we organise coexistence in an increasingly multi- national society? How do we overcome physical and mental barriers in our cities? How can we build a new town within the city, even in places that have not previously been seen as suitable residential areas? And how can we overcome the massive challenges of climate change? With its key themes, IBA Hamburg takes its place within the tradition of Building Exhibitions, which for over a century have continued to provide answers to questions posed about the future.

Bürgerdialog und Beteiligungsgremium

Die IBA Hamburg als siebenjähriges Aktionsprogramm geht neue Wege, die sie von früheren Bauausstellungen unterscheidet: Mit einem neuartigen Stadtvertrag, der IBA-Konvention, wurden viele wichtige Institutionen und Unternehmen Hamburgs zu IBA-Partnern. Ein Beteiligungsgremium von Bürgern und Politikern aus dem IBA-Präsentationsgebiet begleitet aktiv den Planungs- und Realisierungsprozess der IBA. Ein intensiver Bürgerdialog von Seiten der IBA sorgt darüber hinaus für ein Höchstmaß an Transparenz gegenüber der Bevölkerung. Zudem wurden Fachplattformen (Labore) eingerichtet.

Citizens' dialogue and participation council

IBA Hamburg is a mould-breaking seven-year action programme that differs from earlier Building Exhibitions. A new type of municipal agreement, the IBA Convention, brought in many of Hamburg's important institutions and enterprises as IBA partners. A participation council made up of citizens and politicians from the IBA presentation area is actively following the IBA's planning and implementation process. Moreover, IBA's intense dialogue with citizens ensures the highest level of transparency for the local population. Specialist platforms ("laboratories") have also been set up.

IBA-Labore

Zu wichtigen Fragen und Aspekten innerhalb der Leitthemen richtet die IBA Fachplattformen, so genannte IBA-Labore, aus. So fand im März 2008 unter Mitwirkung des World Future Council das zweitägige IBA-Labor „Energie & Klima" statt, Ende August 2008 organisierte die IBA mit der HafenCity GmbH das zweitägige Labor „Architektur im Klimawandel", das aus einem Workshop und einem Symposium bestand (siehe S. 156 ff.). Die jeweiligen Fragestellungen wurden auf den bisherigen zehn IBA-Laboren nie abseits der Realität, sondern genau dort behandelt, wo Lösungen gefunden werden müssen: mitten im Leben und mitten im Projektgebiet auf der Elbinsel.

IBA Laboratories

The IBA organises specialist platforms known as IBA Laboratories where vital questions and aspects related to the key themes are discussed. So, in March 2008, for instance, the two-day IBA Laboratory "Energy and Climate" took place in collaboration with the World Future Council; at the end of August 2008 the IBA co-organised the two-day laboratory "Architecture under Climate Change" with HafenCity GmbH, comprising a workshop and symposium (see p. 159ff.). All the questions raised at the ten IBA laboratories held to date have not been dealt with in a theoretical vacuum, but precisely where solutions must be found – in the real life of Elbe Islands, within the area of the project.

IBA at WORK

In einem früheren Supermarkt im Zentrum von Wilhelmsburg wird die Workshop-Ausstellung „IBA at Work" in deutscher, englischer und türkischer Sprache gezeigt. Anhand von Plänen, Modellen, Filmen und interaktiven Elementen erschließen sich hier die Projekte der IBA in ihren aktuellen Planungsständen und beziehen so die Bewohner der Elbinseln ebenso wie das Fachpublikum in das Geschehen ein. Eine besondere Attraktion des Besucherzentrums der IBA Hamburg ist das Bildertheater mit seiner Collage aus Zitaten von Anwohnerinnen und Anwohnern und einer „inselalltäglichen" Geräuschkulisse.

IBA at WORK

The workshop exhibition "IBA at Work" – shown in German, English and Turkish – is located in a former supermarket at the very heart of Wilhelmsburg. Using plans, models, films and interactive elements, it presents the IBA projects and their current states of planning. In this way, not only specialists but also the inhabitants of the Elbe islands become involved in what is happening. One special attraction of the IBA Hamburg's visitor centre is the audiovisual theatre with its collage of quotations from residents and an "everyday island" backdrop of sound.

Aktuelle Informationen Current information: www.iba-hamburg.de

Autoren Authors

Ruth Asseyer

* 1956, Studium der Literaturwissenschaft und Politik. Seit 1986 freie Rundfunk-Journalistin (überwiegend) für den NDR. Buchveröffentlichungen zu Architektur (Karl Schneider) und Fotografie (Herbert Dombrowski). Lebt in Hamburg.

* 1956, studied philology and politics. Since 1986, independent radio journalist (mainly) for NDR. Book publications on architecture (Karl Schneider) and photography (Herbert Dombrowski). Lives in Hamburg
r.asseyer@freenet.de

Olaf Bartels

* 1959, Dipl.-Ing. Architektur (Studium an der Hochschule für bildende Künste Hamburg), Architekturhistoriker und -kritiker. Buch- und Zeitschriftenpublikationen sowie Forschung zur Architektur-, Stadt- und Stadtbaugeschichte. Lebt in Hamburg und Berlin.

* 1959, is a qualified architectural engineer (studied at the College of Fine Arts, Hamburg), architectural historian and critic. Book and magazine publications, as well as research on the history of architecture, urban history and the history of urban development. Lives in Hamburg and Berlin.
olafbartels@gmx.de

Prof. Dr. Gernot Böhme

* 1937, Studium der Mathematik, der Physik und der Philosophie. Dr. phil. Hamburg 1965, Habil. München 1972. 1970-77 Wiss. Mitarbeiter des Max-Planck-Instituts zur Erforschung der Lebensbedingungen der wissenschaftlich-technischen Welt, Starnberg, 1977-2002 Professor für Philosophie an der TU Darmstadt, dort 1997-2001 Sprecher des Graduiertenkollegs Technisierung und Gesellschaft. Ab 2005 Direktor des Instituts für Praxis der Philosophie in Darmstadt. 1985/86 Jan-Tinbergen-Professur an der Universität Rotterdam. Gastprofessuren in Linköping, 1984; Wien 1995; Madison/Wisconsin, 1998; Graz, 2002; Kyoto, 2006/07; Philadelphia, 2008. Lebt in Darmstadt.

* 1937, studied mathematics, physics and philosophy. Dr. phil., Hamburg 1965; post-doctoral thesis, Munich 1972; academic assistant at the Max Planck Institute for Research into Living Conditions in a Scientific-Technical World, Starnberg, 1970–77; professor of philosophy at the TU Darmstadt, 1977–2002; spokesperson of the graduate course in Technologisation and Society, 1997–2001. As from 2005, director of the Institute of Philosophical Practice. 1985/1986, Jan Tinbergen Professorship at the University of Rotterdam; guest professor in Linköping/Sweden, 1984; Vienna, 1995; Madison/Wisconsin, 1998; Graz/Austria, 2002; Kyoto/Japan, 2006/2007; Philadelphia, 2008. Lives in Darmstadt.
Boehme@t-online.de

Jürgen Bruns-Berentelg

* 1951. Studium der Fächer Geografie, Biologie, Volkswirtschaft und Geologie an der TU Hannover und der Universität Oldenburg, danach Berater in Schwarzafrika. Seit Ende der 1980er Jahre als Immobilienökonom (ebs) tätig, u.a. als stellv. Niederlassungsleiter der Beratungsfirma Healey & Baker in Berlin, ab 1996 als Mitglied der Geschäftsführung von Tishman Speyer in Berlin und ab 2000 als Vorstand (für Projektentwicklung) der B & L Immobilien AG in Hamburg. Unterrichtete als Lehrbeauftragter an der Universität Oldenburg und der Immobilienakademie der European Business School (ebs). Seit 2003 Vorsitzender der Geschäftsführung der HafenCity Hamburg GmbH. Mitherausgeber des *Journal of Urban Regeneration & Renewal*, London. Lebt in Hamburg.

* 1951, studied geography, biology, economics and geology at the TU Hanover and the University of Oldenburg, subsequent work as a consultant in Black Africa. Since the late 1980s, he has worked as a property economist (ebs), incl. as deputy branch manager of the consulting agency Healey & Baker in Berlin, as from 1996 as board member at Tishman Speyer in Berlin, and from 2000 as president (of project development) at B & L Immobilien AG in Hamburg. Has taught as an associate lecturer at the University of Oldenburg and the Property Academy of the European Business School (ebs). Since 2003, managing director of HafenCity Hamburg GmbH. Co-editor of the *Journal of Urban Regeneration & Renewal*, London. Lives in Hamburg.
info@HafenCity.com .

Prof. Peter Droege

Studium der Architektur mit Schwerpunkt Stadtgestaltung an der TU München bis 1976, postgraduierter Abschluss am Massachusetts Institute of Technology (MIT) 1978. Lehr- und Forschungsaufträge an den Universitäten von Tokio, Sydney und Peking (1992-2008). Seit 2001 leitet er sein Büro für erneuerbare Stadtentwicklung und seit 2004 lehrt er als Conjoint Professor an der Universität Newcastle, Australien. Seit 2002 Vorsitzender des Weltrats für Erneuerbare Energien für Asien-Pazifik. Von 1999 bis 2004 leitete er ein internationales „Solar City" Forschungsentwicklungsprogramm unter der Schirmherrschaft der Internationalen Energieagentur. Publikationen: *The Renewable City – a comprehensive guide to an urban revolution* (2006/8) und *Urban Energy Transition* (2008).

Until 1976, study of architecture at the TU Munich, specialising in urban design; postgraduate degree at Massachusetts Institute of Technology (MIT) in 1978. Associate lecturer and researcher at the universities of Tokyo, Sydney and Beijing (1992-2008). He has run an office for renewable urban development since 2001, and has taught as a conjoint professor at the University of Newcastle, Australia since 2004. Chairman of the World Council of Renewable Energies for Pacific Asia since 2002. From 1999 to 2004, he headed an international "Solar City" research development programme under the patronage of the International Energy Agency. Publications: *The Renewable City – a comprehensive guide to an urban revolution* (Wiley 2006/8) and *Urban Energy Transition* (Elsevier 2008).
droege@epolis.com.au

Gerard Evenden

* 1964, BSc, BArch (Dist) RIBA. Studium an der Welsh School of Architecture. Mitarbeiter bei Shepheard, Epstein und Hunter, CZWG und Terry Farrell and Partners, seit 1991 bei Foster + Partners, dort seit 2006 Senior Partner und Group Leader. Leiter des Projekts „Masdar Initiative" in Abu Dhabi. Lebt in London.

* 1964, BSc, BArch (Dist) RIBA. Studied at the Welsh School of Architecture. Employee at Shepheard, Epstein and Hunter, CZWG, and Terry Farrell and Partners; since 1991 at Foster + Partners, where he has been senior partner and group leader since 2006. Director of the project "Masdar Initiative" in Abu Dhabi. Lives in London.
enquiries@fosterandpartners.com

Univ.-Prof. Dr.-Ing. M. Norbert Fisch

* 1951. Maschinenbaustudium in Gießen und Stuttgart, Promotion zum Dr.-Ing. (Energietechnik) an der TU Stuttgart. 1984–96 Leiter der Abteilung Rationelle Energienutzung und Solartechnik am Institut für Thermodynamik und Wärmetechnik der TU Stuttgart, seit 1996 Direktor des Instituts für Gebäude- und Solartechnik (IGS) an der TU Braunschweig. Gründung der EGS-plan Ingenieurgesellschaft für Energie-, Gebäude- und Solartechnik, Stuttgart (2001), der Energydesign Braunschweig Ing. mbH (2005) und der Energydesign Asia Ing. mbH (2007). Deutscher Solarpreis 2008. Lebt in Stuttgart und Braunschweig.
Dipl.-Ing. Arch. Thomas Wilken, * 1970, Dipl.-Ing. Arch. Stefan Plesser, * 1970, und Dipl.-Ing. Tanja Beier, * 1977, sind Wissenschaftliche Mitarbeiter am IGS.

* 1951, studied mechanical engineering in Gießen and Stuttgart, and gained his doctorate (Dr.-Ing. in Energy Technology) at the TU Stuttgart. Head of the Department of Rational Energy Use and Solar Technology at the Institute of Thermodynamics and Heating Technology at the TU Stuttgart from 1984–96; director of the Institute for Building and Solar Technology (IGS) at the TU Brunswick since 1996. Founded the EGS-plan engineering company for energy, building and solar technology, Stuttgart (2001), Energydesign Braunschweig Ing. mbH (2005), and Energydesign Asia Ing. mbH (2007). "German Solar Award" in 2008. Lives in Stuttgart and Brunswick.
Dipl.-Ing. Arch. Thomas Wilken, * 1970, Dipl.-Ing. Arch. Stefan Plesser, * 1970, and Dipl.-Ing. Tanja Beier, * 1977 are all scientific assistants at IGS.
igs@tu-bs.de

Prof. Herbert Girardet

* 1943. Schriftsteller, Berater und Filmproduzent. Er ist Vorsitzender der Schumacher Society in Großbritannien, Ehrenmitglied des Royal Institute for British Architects, Förderer der Soil Association und erhielt den UN Global 500 Award für herausragende Leistungen im Umweltschutz. Zu seinen acht Büchern gehören *Earthrise*, 1992, *The Gaia Atlas of Cities*, 1992, *Creating Sustainable Cities*, 1999, und *Cities, People, Planet*, 2004. Er produzierte 50 Fernsehdokumentationen über nachhaltige Entwicklung für Fernsehsender auf der ganzen Welt. 2003 war er „Thinker in Residence" in Adelaide und entwickelte dort Umweltstrategien für Südaustralien. Er ist Gastdozent an der Universität von Northumbria, der Middlesex University und der University of West-England.

* 1943. Author, consultant and film producer. He is chairman of the Schumacher Society in Great Britain, honorary member of the Royal Institute of British Architects, sponsor of the Soil Association, and he has received the UN Global 500 Award for outstanding achievements in environmental conservation. His eight books include *Earthrise*, 1992, *The Gaia Atlas of Cities*, 1992, *Creating*

Sustainable Cities, 1999 and *Cities, People, Planet*, 2004. He has produced 50 TV documentaries on sustainable development for TV stations all over the world. In 2003, he was "Thinker in Residence" in Adelaide, where he developed environmental strategies for Southern Australia. He is a guest lecturer at the University of Northumbria, Middlesex University, and the University of West-England.

Prof. Dr. Hartmut Graßl

* 1940, Direktor emeritus am Max-Planck-Institut für Meteorologie, Hamburg, und Emeritus der Universität Hamburg. 1966 Diplom in Physik, 1970 Promotion und 1978 Habilitation in Meteorologie. 1971-76 Wiss. Angestellter, Johannes-Gutenberg-Universität Mainz, 1976-81 Leiter einer Forschungsgruppe am Max-Planck-Institut für Meteorologie, Hamburg. 1981-84 Professor für Theoretische Meteorologie am Institut für Meereswissenschaften, Christian-Albrechts-Universität zu Kiel. 1984-88 Direktor des Instituts für Physik am GKSS-Forschungszentrum, Geesthacht. 1988-94 und 1999-2005 Direktor am Max-Planck-Institut für Meteorologie, Hamburg, und Professor für Allgemeine Meteorologie am Meteorologischen Institut, Universität Hamburg. 1994-99 Direktor des Weltklimaforschungsprogramms, WMO, Genf. 1992-94 und 2001-04 Mitglied des Wissenschaftlichen Beirates über Globale Umweltveränderungen der Deutschen Bundesregierung. Zur Zeit Vizepräsident des Stiftungsrates des Nansen International Environment and Remote Sensing Centre in St. Petersburg (Russland), Vorsitzender des Wissenschaftlichen Beirats am Leibniz Institut für Meereswissenschaften – Geomar in Kiel, Vorsitzender der Gesellschaftervertretung des Potsdam-Institutes für Klimafolgenforschung, Vorstandsmitglied der Vereinigung Deutscher Wissenschaftler, Vorsitzender des Klimarates der bayerischen Landesregierung, Mitglied im Beirat für Klimaschutzfragen des Senats der Freien und Hansestadt Hamburg, Mitglied im Stiftungsrat der Münchner Rückversicherungsgesellschaft AG und im Kuratorium der Scintec AG in Tübingen. Lebt in Hamburg.

* 1940, director emeritus at the Max Planck Institute for Meteorology, Hamburg, and emeritus professor at the University of Hamburg. Diploma in physics in 1966; doctorate and post doctoral thesis in meteorology in 1970 and 1978; academic assistant at the Johannes Gutenberg University in Mainz from 1971-1976. From 1976-1981, head of a research group at the Max Planck Institute for Meteorology, Hamburg. 1981-1984, professor of theoretical meteorology at the Institute for Oceanic Research of Christian-Albrechts-Universität, Kiel; 1984-1988, director of the Institute of Physics at the GKSS-Research Centre, Geesthacht; 1988-1994 and 1999-2005, director of the Max Planck Institute for Meteorology, Hamburg and professor of general meteorology at the Meteorological Institute, University of Hamburg. 1994-1999, director of the World Climate Research Programme, WMO, Geneva. He is currently vice president of the board of trustees of the Nansen International Environment and Remote Sensing Centre (NIERSC) in St. Petersburg (Russia), president of the scientific council at the Leibniz Institute for Oceanic Research – Geomar in Kiel, president of the shareholders council of the Potsdam Institute for Research into

Climatic Effects (PIK), committee member of the Association of German Scientists (VDW), president of the Council on Climate of the Bavarian state government, member of the Committee on Issues of Climate Control of the Senate of Hamburg, member of the board of trustees of the Munich Rückversicherungsgesellschaft AG and the board of Scintec AG in Tübingen. Lives in Hamburg.
Hartmut.Grassl@zmaw.de

Anke Haarmann

*1968, 1989-94 Studium der Philosophie, Literatur und Ethnologie an der Universität Hamburg und der FU Berlin. 1994-96 Teilnahme am Postgraduiertenprogramm der Jan van Eyck Akademie für Kunst, Design und Theorie in Maastricht. 1994-98 Studium der Freien Kunst am Lerchenfeld Hamburg. 2004 Promotion in Philosophie an der Universität Potsdam. Seit 1998 zahlreiche Ausstellungen im In-und Ausland. Schwerpunkte der künstlerischen und kuratorischen Arbeit sind die partizipatorische und interventionistische Projektkunst (New Genre Public Art), Kunst im öffentlichen Raum, Stadtentwicklung sowie zeitgenössische Medien. Lehrt am Institut für Kulturtheorie, Kulturforschung und Künste der Leuphana Universität Lüneburg. Schwerpunkte der philosophischen Arbeit sind Kunst und Philosophie als parallele Werkzeuge kultureller Praxis, Wissen und Subjekt sowie Ideengeschichte. Co-Kuratorin der künstlerischen und kontextuellen Plattform Kultur | Natur im Rahmen des Elbinsel Sommers 2008 der IBA Hamburg. Lebt in Hamburg.

*1968, studied philosophy, literature and ethnology at the University of Hamburg and the FU-Berlin from 1989-1994. Participated in the post graduate programme of the Jan van Eyck Academy of Fine Art, Design and Theory in Maastricht, the Netherlands from 1994-96. Study of free art in Lerchenfeld Hamburg from 1994-1998. Doctorate in philosophy at the University of Potsdam, 2004. Since 1998, numerous exhibitions at home and abroad. Emphases of her work as an artist and a curator are participatory and interventionist project art (New Genre Public Art), art in public space, urban development, and contemporary media. She teaches at the Institute of Cultural Theory and Research at Leuphana University in Lüneburg. Her philosophical work focuses on art and philosophy as parallel tools of cultural practice, knowledge and the subject, and the history of ideas. Co-curator of the artistic, conceptual platform Culture | Nature in the context of the Elbinsel Summer 2008 as part of the International Building Exhibition (IBA) Hamburg. Lives in Hamburg.
haarmann@uni-lueneburg.de

Oliver G. Hamm

* 1963, Dipl.-Ing. (FH) Architektur (Studium an der FH Darmstadt). 1989-92 Redakteur der *db – deutsche bauzeitung*, Stuttgart, 1992-98 Redakteur der *Bauwelt*, Berlin, 2000-2007 Chefredakteur *Deutsches Architektenblatt*, Berlin, seit 2008 Chefredakteur *greenbuilding*, Berlin. Freier Autor, Herausgeber und Kurator (u.a. „NEU BAU LAND. Architektur und Stadtumbau in den neuen Bundesländern", Deutsches Architekturmuseum, Frankfurt/Main 2007). Lebt in Berlin.

* 1963, Dipl.-Ing. (FH) architecture (studied at the FH Darmstadt). Editor of *db – deutsche bauzeitung*, Stuttgart from 1989-92; editor of *Bauwelt*, Berlin from 1992-98; chief editor of the *Deutsches Architektenblatt*, Berlin from 2000-2007; chief editor of *greenbuilding*, Berlin since 2008. Freelance author, editor and curator (incl. "NEU BAU LAND. Architecture and Urban Restructuring in former East Germany", Deutsches Architekturmuseum, Frankfurt/Main 2007). Lives in Berlin.
oliverghamm@web.de

Prof. Manfred Hegger

* 1946, Studium der Architektur an der Universität Stuttgart/Hochschule für Gestaltung Ulm, der Systemtechnik an der TU Berlin und der Planung an der University of London/London School of Economics and Political Science. 1976-89 Mitarbeit im Büro ANF Arbeitsgruppe Nutzungsforschung. Seit 1980 Partnerschaft HHS Planer + Architekten in Kassel; Vorstandsvorsitz. Beratung, u. a. als Consultant der OECD, als Director des UIA Work Programme „Sustainable Architecture of the Future" (1999-2008) und in der EU Expert Working Group „Sustainable Construction Methods and Technologies". Mehrere Lehraufträge und Gastprofessuren. Seit 2001 Leitung des selbst eingerichteten Fachgebiets Entwerfen und Energieeffizientes Bauen an der Technischen Universität Darmstadt. Zahlreiche Auszeichnungen und Publikationen (u.a. *Baustoff Atlas* 2005, *Energie Atlas – Nachhaltige Architektur* 2007). Lebt in Kassel und Darmstadt.

* 1946, studied architecture at the University of Stuttgart/College of Design in Ulm, systems technology at the TU Berlin, and planning at the University of London/London School of Economics and Political Science. From 1976-89 he worked at the Office ANF (Arbeitsgruppe Nutzungsforschung). Partnership HHS Planer + Architekten in Kassel since 1980; chairman of the board. Consultancy, incl. for the OECD, as director of the UIA Work Programme "Sustainable Architecture of the Future" (1999-2008) and in the EU Expert Working Group "Sustainable Construction Methods and Technologies". Several associate lectureships and guest professorships. Head of the Department of Design and Energy-Efficient Building at the Technical University Darmstadt, which he also set up himself, since 2001. Numerous awards and publications (incl. *Baustoff Atlas* 2005, *Energie Atlas – Nachhaltige Architektur* 2007). Lives in Kassel and Darmstadt.
hegger@ee.tu-darmstadt.de

Uli Hellweg

* 1948. Architektur- und Städtebaustudium an der RWTH Aachen. 1980 freiberuflicher Stadtplaner in Berlin. 1982 Koordinator bei der IBA Berlin GmbH 1984/87 für Pilotprojekte. 1986 Planungskoordinator der S.T.E.R.N. GmbH für das Stadterneuerungsgebiet Moabit in Berlin. 1992 Dezernent für Planen und Bauen der Stadt Kassel. 1996 Geschäftsführer der Wasserstadt GmbH Berlin. 2002 Geschäftsführer der agora s.a.r.l., Luxemburg. Seit 2006 Geschäftsführer der IBA Hamburg GmbH.

* 1948, studied architecture and urban development at the RWTH Aachen. 1980, freelance urban planner in Berlin; 1982, coordinator of the IBA Berlin GmbH 1984/87 for pilot projects. 1986, planning coordinator

of S.T.E.R.N. GmbH for the area of urban renewal Moabit in Berlin; 1992, head of the Department of Planning and Building in the City of Kassel; 1996, managing director of Wasserstadt GmbH , Berlin; 2002, managing director of agora s.a.r.l., Luxembourg. He has been managing director of the IBA Hamburg GmbH since 2006.
uli.hellweg@iba-hamburg.de

Susanne Hofmann
* 1963, AA dipl. Architektin, Studium an der TU München und an der Hochschule der bildenden Künste München, 1988–92 DAAD Stipendium, Architectural Association School of Architecture, London. 1987–97 Mitarbeit in der Bürogemeinschaft Steidle und Kiessler Architekten, Hamburg, bei Alsop and Lyall Architects, London, bei sauerbruch hutton architekten, London und Berlin, und bei Gerhard Spangenberg, Berlin. Lehrtätigkeiten ab 1996: University of Westminster, London, TU Berlin und HAW Hamburg. Seit 2003 Büro Baupiloten, Berlin. Lebt in Berlin.
* 1963, AA dipl. Architect, studied at the TU Munich and the College of Fine Arts in Munich; DAAD grant for the Architectural Association School of Architecture, London from 1988–92. She worked in the office collective Steidle und Kiessler Architekten, Hamburg, for Alsop and Lyall Architects, London, for sauerbruch hutton architekten, London and Berlin, and for Gerhard Spangenberg, Berlin, from 1987–97. From 1996, teaching at University of Westminster, London, TU Berlin, and HAW Hamburg. Since 2003, office Baupiloten, Berlin. Lives in Berlin.
hofmann@baupiloten.com

Harald Lemke
* 1965, Studium der Philosophie und Geschichte in Konstanz, Hamburg und Berkeley/Kalifornien, USA 1986–93. Absolvent der Jan van Eyck Akademie für Theorie, Design und Kunst in Maastricht, Promotion und Habilitation in Philosophie. Derzeit Dozent am Institut für Kulturtheorie, Kulturforschung und Künste der Leuphana Universität Lüneburg, Gastprofessor an der East China Normal University Shanghai. Co-Kurator der künstlerischen und kontextuellen Plattform Kultur | Natur im Rahmen des Elbinsel Sommers '08 der IBA Hamburg.
* 1965, studied philosophy and history in Constance, Hamburg and at the UC Berkeley/California, USA from 1986–1993. Graduate of the Jan van Eyck Academy of Fine Art, Design and Theory in Maastricht, with a doctorate and post doctoral thesis in philosophy. Currently a lecturer at the Institute of Cultural Theory and Research at Leuphana University in Lüneburg. Guest professor at East China Normal University Shanghai. Co-curator of the artistic, contextual platform Culture | Nature in the context of the Elbinsel Summer '08 as part of the International Building Exhibition (IBA) Hamburg.
lemke@natur-kultur.net

Dirk Meyhöfer
* 1950, Dipl.-Ing. Architektur und Stadtplanung (Studium an der TU Hannover), 1977–87 Redakteur/Chef vom Dienst bei den Zeitschriften *Zuhause Wohnen* und *Architektur und Wohnen* in Hamburg. Seitdem freier Autor, Architekturkritiker, Ausstellungsmacher und Hochschullehrer. Herausgeber und Redakteur des Hamburger

Architekturjahrbuches (seit 1989). Lebt in Hamburg.
* 1950, is a qualified architectural engineer and urban planer (study at the TU Hanover). Editor/editor in chief of the magazines *Zuhause Wohnen* and *Architektur und Wohnen* in Hamburg from 1977–87. Since then he has been a freelance author, architectural critic, exhibition organiser and university lecturer. Publisher and editor of the Hamburg Architectural Yearbook (since 1989). Lives in Hamburg.
dirk.meyhoefer@t-online.de

Axel Nordmeier
* 1962, Studium der Fotografie an der Fachhochschule für Gestaltung in Hamburg, Abschluss als Dipl.-Fotodesigner. BFF-Kodak-Förderpreis, Veröffentlichungen in *Brigitte, DIE ZEIT, Frankfurter Allgemeine Zeitung, Merian*. Arbeitsschwerpunkte: Soziales, Reisereportagen, vor allem Indien, Industrie, Städtebilder, Architektur. Lebt in Reinbek bei Hamburg.
* 1962, studied photography at the College of Design in Hamburg and qualified as a photo designer. Winner of the BFF Kodak Young Talent Prize, publications in *Brigitte, Die Zeit, Frankfurter Allgemeine Zeitung, Merian*. Specialist fields: social issues, travel reports esp. India, industry, urban images, architecture. Lives in Reinbek near Hamburg.
axel@nordmeier-photodesign.de

Christian Schönwetter
* 1972, Dipl.-Ing., Architekturstudium an der Universität Karlsruhe, 1997–98 Mitarbeiter im Sonderforschungsbereich „Erhalten historisch bedeutsamer Bauwerke", 2000–01 Volontär bei der Architekturfachzeitschrift *AIT*, 2001–04 Redakteur beim *design report*, ab 2004 freier Journalist und Buchautor, seit 2007 freier Chefredakteur der Zeitschrift *Metamorphose*. Lebt in Stuttgart.
* 1972, Dipl.-Ing., studied architecture at the University of Karlsruhe; work in the specialist field of research "Preservation of historically significant buildings" from 1997–98; intern for the specialist architectural magazine *AIT* from 2000–01; editor at *design report* from 2001–04, freelance journalist and book author from 2004, independent chief editor of the magazine *Metamorphose* since 2007. Lives in Stuttgart.
cs@schoenwetterjournalismus.de

Prof. Matthias Schuler
* 1958, Dipl.-Ing., Maschinenbau-Studium an der Universität Stuttgart, 1987–92 dort wissenschaftlicher Mitarbeiter am Institut für Thermodynamik und Wärmetechnik. Mitgründer und technischer Geschäftsführer der Transsolar Energietechnik GmbH und der Transplan Technik-Bauplanung GmbH mit Niederlassungen in Stuttgart, München und New York. Adjunct Professor an der Architektur-Fakultät der Harvard University. Autor zahlreicher Publikationen zum Thema Architektur und KlimaEngineering. Mitglied des Fachbeirats Klima und Energie der IBA Hamburg. Lebt in Stuttgart.
* 1958, Dipl.-Ing., studied mechanical engineering at the University of Stuttgart, where he was academic assistant in the Institute of Thermodynamics and Heating Technology from 1987–92. Co-founder and technical director of Transsolar Energietechnik GmbH and Transplan

Technik-Bauplanung GmbH, with branches in Stuttgart, Munich and New York. Adjunct professor in the Faculty of Architecture of Harvard University. Author of numerous publications on architecture and climatic engineering. Member of the IBA Hamburg's specialist committee on climate and energy issues. Lives in Stuttgart.
schuler@transsolar.com

Stefan Schurig
* 1971, Dipl.-Ing., Architektur-Studium an der Technischen Fachhochschule Berlin. Arbeitet seit Anfang der 1990er Jahre in der Umweltpolitik. Zunächst als Mitglied des Bundesvorstandes der „naturschutzjugend". Mitte der 1990er Jahre beteiligte er sich an der Gründung der Jugendorganisation von Bündnis90/Die Grünen und war Mitglied des Wirtschaftsarbeitskreises der Grünen in Berlin. Schurig blieb als Kommunikations- und Energieexperte auch nach seinem Studium dem politischen Umweltschutz gegenüber verpflichtet und wurde hauptamtlicher Pressesprecher von Greenpeace Deutschland. In den folgenden drei Jahren war er für die Kommunikation sämtlicher Energiethemen zuständig und führte u.a. den Stromversorger Greenpeace energy in den Markt ein. Ab 2001 Leiter der Pressestelle von Greenpeace Deutschland, 2002 Leiter der Abteilung für Klima und Energie und Mitglied des Senior Management Teams. Seit April 2007 Director Climate Energy beim World Future Council und Leiter der internationalen Expertenkommission Cities and Climate Change in Zusammenarbeit mit der HafenCity Universität Hamburg.
* 1971, Dipl.-Ing., studied architecture at the Technical College in Berlin (TFH). He has worked in environmental politics since the early 1990s, initially as a member of the national committee of the "naturschutzjugend", the youth organisation of the German Association for the Protection of Nature (Nabu). In the mid 1990s, he was involved in founding the youth organisation of Bündnis90/Die Grünen and a member of the party's economic working group in Berlin. After his studies, Schurig remained committed to environmental conservation in politics as a communications and energy expert and became press spokesman of Greenpeace Deutschland. In the following three years, Schurig was responsible for the communication of all energy issues; among other things, he introduced the electricity provider Greenpeace energy onto the market. As from 2001, Schurig was head of Greenpeace Deutschland's press office; he became head of the Department of Climate and Energy and a member of the Senior Management Team in 2002. Since April 2007, he has been Director Climate Energy of the World Future Council and heads the international commission of experts on Cities and Climate Change in collaboration with Hamburg HafenCity University.
stefan@worldfuturecouncil.org

Simona Weisleder
* 1965, Studium der Architektur und Stadtplanung an der Hochschule für bildende Künste in Hamburg. Tätigkeit in verschiedenen Büros in Hamburg, Dresden und Montevideo. 1999 Mitarbeiterin am Lehrstuhl von Prof. Sabine Busching im Fachgebiet Gebäudetechnik an der HfbK Hamburg. 2001 Projektleiterin bei der

ZEBAU, Hamburg. Seit 2008 Projektkoordinatorin „Stadt im Klimawandel" bei der IBA Hamburg GmbH. Lebt in Hamburg.

*1965, studied architecture and urban planning at the College of Fine Arts (HfbK) in Hamburg. Work in various offices in Hamburg, Dresden and Montevideo. 1999, assistant to the chair of Prof. Sabine Busching in the Department of Building Technology at the HfbK. 2001, project director at the ZEBAU, Hamburg. Since 2008, project coordinator "Cities and Climate Change" at the IBA Hamburg GmbH. Lives in Hamburg.
simona.weisleder@iba-hamburg.de

Prof. Christian Werthmann

*1964, Dipl.-Ing. (FH) Landespflege und Dipl.-Ing. Landschaftsarchitektur mit Vertiefung Städtebau (Studium an der FH Weihenstephan und an der Gesamthochschule/ Universität Kassel). Tätigkeit als Landschaftsarchitekt in Bayern, San Francisco, Berkeley. Ab 2004 Assistant Professor und seit 2007 Associate Professor und Programmdirektor an der Fakultät für Landschaftsarchitektur der Graduate School of Design, Harvard University. Mitgründer der interdisziplinären Forschungsgruppe *TransUrban* und der Initiative *Dirty Work*. Lebt in Cambridge/MA, USA.

*1964, graduated as an engineer and master of landscape architecture after studying at the Fachhochschule Weihenstephan and the University of Kassel. Professional experience as a landscape architect in Bavaria, San Francisco and Berkeley. Assistant professor since 2004, associate professor since 2007, and programme director at the Graduate School of Design, Harvard University, Department of Landscape Architecture. Co-founder of the interdisciplinary research group *TransUrban* and the research initiative *Dirty Work*. Lives in Cambridge/MA, USA.
cwerthmann@gsd.harvard.edu

Karsten Wessel

*1962, Studium der Landschafts- und Freiraumplanung an der TU Berlin. 1987 Angestellter im Büro für Landschaftsarchitektur Hans-Peter Flechner, Berlin. 1996 Koordinator bei der Wasserstadt GmbH, Berlin. Seit 2007 Projektkoordinator „Stadt im Klimawandel" bei der IBA Hamburg GmbH. Lebt in Berlin und Hamburg.

*1962, studied landscape and open space planning at the TU Berlin. He was employed in the landscape architecture office of Hans-Peter Flechner, Berlin, in 1987; coordinator at Wasserstadt GmbH, Berlin in 1996. Project coordinator for "Cities and Climate Change" at the IBA Hamburg GmbH since 2007. Lives in Berlin and Hamburg.
karsten.wessel@iba-hamburg.de

Bildnachweise Picture Credits

7, 10: Axel Nordmeier
15: Manfred Baumann/Superbild
16: ullstein bild - Wodicka
19: BSIP/Superbild
20, 21, 23: IPCC 2007: WG1-AR4
25: © Tibor Bognár/Corbis
26: © Frédéric Soltan/Sangha Productions/Corbis
28: © CORBIS
29: © Henri Bureau/Sygma/Corbis
30: © Pascal Parrot/Corbis
31: © Transtock/Corbis
33: © Ashley Cooper/Corbis
34: © Howard Kingsnorth/zefa/Corbis
35: © Ashley Cooper/Corbis
37: ullstein bild - Reuters
38: ullstein bild - aslu
40: ullstein bild - Tollkühn
41: oben top: Vinai Dithajohn/Greenpeace
41: unten bottom: Alberto Cesar Araujo/Greenpeace
42: Axel Nordmeier
43: ullstein bild - sinopictures/CNS
45: Pressestelle des Senats der Freien und Hansestadt Hamburg
46, 51: IBA Hamburg GmbH / Falcon Crest Air
53: Koserowsky/Superbild
58, 65: Axel Nordmeier
68-71: Jost Vitt
74, 75: Landwirtschaftliche Sozialversicherung Baden-Württemberg; Quelle: Institut für Gebäude- und Solartechnik der TU Braunschweig (IGS)
76: oben top: Kreisverwaltung Bad Segeberg; Quelle: IGS
76: unten bottom: sauerbruch hutton architekten; Quelle: IGS
77: IGS
78: IGS (oben top: Daten data: Statistisches Bundesamt)
79: oben top: H.G. Esch; Quelle: IGS
79: unten bottom: Behnisch Architekten; Foto: Martin Schodder
80, 81: IGS
83: TU Darmstadt, Fachgebiet ee
84: Deppisch Architekten
85: Andreas Keller
86: oben top: TU Darmstadt, Fachgebiet ee
86: unten bottom: TU Darmstadt, Fachgebiet ee / Grafik: Tom Unverzagt
87: oben top: HHS Planer + Architekten
87: unten bottom: TU Darmstadt, Fachgebiet ee / Grafik: Tom Unverzagt
89: Olaf Bartels
90-91: Rüdiger Lange
92: Michael Tribus architecture
93: Ludwig Thalheimer/Lupe
94: Roland Borgmann
95: Franz Eichler †
96: picture-alliance/akg-images
97: Jan Bitter
98: dpa/empics; © Olafur Eliasson
99: Zooey Braun/arturimages
100: oben top: Reyner Banham (Zeichnung drawing: Francois Dallegret) aus from: Design by Choice: Ideas in Architecture, London 1981, S. p. 59
100: unten bottom: Brigitte Hellgoth
101: Susanne Hofmann
102: © VG Bild-Kunst, Bonn 2008
103-105: Die Baupiloten
106-107: Jan Bitter
109-111: Cinetext Bildarchiv
112: Topos Raum: Die Aktualität des Raumes in den Künsten der Gegenwart, Nürnberg 2005
113: Roland Halbe/arturimages
114: su11 architecture+design/Vorlage Vitra Design Museum
115: IwamotoScott und Proces2/Vorlage Vitra Design Museum
116-119: Jost Vitt
122: TransUrban, Harvard University: Christian Werthmann, Thomas Schroepfer, Limin Hee
123: Urban-Think Tank, Caracas: Alfredo Brillembourg & Hubert Klumpner
124: TransUrban, Harvard University: Christian Werthmann, Thomas Schroepfer, Limin Hee
125: Gareth Doherty
126: TransUrban, Harvard University: Christian Werthmann, Thomas Schroepfer, Limin Hee
127: oben top: Urban-Think Tank, Caracas: Alfredo Brillembourg & Hubert Klumpner
127: unten bottom: Christian Werthmann
128: TransUrban, Harvard University: Christian Werthmann, Thomas Schroepfer, Limin Hee
129: Gareth Doherty
130: TransUrban, Harvard University: Christian Werthmann, Thomas Schroepfer, Limin Hee

131: oben top: Urban-Think Tank, Caracas: Alfredo Brillembourg & Hubert Klumpner
131: unten bottom: TransUrban, Harvard University: Christian Werthmann, Thomas Schroepfer, Limin Hee
132/133: oben top: SEHAB (São Paulo Low Income Housing Agency)
132/133: unten bottom: TransUrban, Harvard University: Christian Werthmann, Thomas Schroepfer, Limin Hee
135-140: Foster + Partners
142, 147: Olaf Bartels
150: Copyright T. R. Hamzah & Yeang Sdn. Bhd.
152: Michael Rasche/arturimages
153: Roland Halbe/arturimages
154: Robert Freund, ÖGUT
157: Ulf Celander
158: Behnisch Architekten
161: © Druot, Lacaton & Vassal
164-175: IBA Hamburg GmbH / HafenCity GmbH
177: Foto photo: B. Kuhn, Illustration illustration: M. Korol, Quelle: HafenCity Hamburg GmbH
178-179: Elbe & Flut; Quelle: HafenCity Hamburg GmbH
180: Tim C. Kraus; Quelle: HafenCity Hamburg GmbH
181: Elbe & Flut; Quelle: HafenCity Hamburg GmbH
182: Elbe & Flut; Quelle: Überseequartier Beteiligungs GmbH
184: Henning Larsen Architects; Quelle: HafenCity Hamburg GmbH
185: Code Unique; Quelle: HafenCity Hamburg GmbH
186: Vattenfall
188: Elbe & Flut; Quelle: HafenCity Hamburg GmbH
190-193: Jost Vitt
196-205: Axel Nordmeier
207: IBA Hamburg GmbH / Martin Kunze
208: urbanista
210: IBA Hamburg GmbH / Stefan Nowicki
211, 212: urbanista
213: IBA Hamburg GmbH/Bloomimages
214: bof Architekten, Breimann & Bruun
215: Han Slawik Architekten
216: urbanista
218: Paula Parkert
220: Anke Haarmann, Harald Lemke (AHL)
221: Paula Parkert
222-225: Anke Haarmann, Harald Lemke (AHL)
226: oben top: Nele Gülck
226: unten bottom: Susan Leibovitz Steinman
227: Anke Haarmann, Harald Lemke (AHL)
228: Nele Gülck
232: Kristina Sassenscheidt
233: Andreas Deffner
234: Chris van der Burght
235: Susanne Weber, Henriette Sens
236: Greenpeace
237: Joshua Gumpert
238: Friedemann Simon
239: Siegmar Münk
240: Anja Beutler
241: Cinetext Bildarchiv
243: IBA Hamburg GmbH / Jörg Schmiedekind
244: Entwurf design: kfs Architekten mit with Andresen + Schlie Landschaftsarchitektur / Visualisierung visualisation: bloom images
245: links left: Entwurf design: bof Architekten mit with Breimann + Bruun Landschaftsarchitekten / Visualisierung visualisation: bloom images
245: mitte middle: Studio NL-D
245: rechts right: Studenten der HafenCity Universität Hamburg
246: Büro Jo Coenen & Co. mit with agence ter Landschaftsarchitekten
247: links left: LAN Architecture mit with BASE Landschaftsarchitektur
247: mitte middle: Lorenz Architekten
247: rechts right: IBA Hamburg GmbH / Johannes Arlt
248: Han Slawik Architekten
249: links left: IBA Hamburg GmbH / Axel Nordmeier
249: mitte middle: IBA Hamburg GmbH / Martin Kunze
249: rechts right: Entwurf design: Jo Coenen & Co mit with agence ter Landschaftsarchitekten / Visualisierung visualisation: bloom images
250: IBA Hamburg GmbH / Stephan Pflug
251: links left: IBA Hamburg GmbH / Stephan Pflug
251: mitte middle: IBA Hamburg GmbH / Anya Zuchold
251: rechts right: IBA Hamburg GmbH / Stefan Nowicki

Der Herausgeber und der Verlag danken den Inhabern von Bildrechten, die freundlicherweise ihre Erlaubnis zur Veröffentlichung gegeben haben. Etwaige weitere Inhaber von Bildrechten bitten wir, sich mit dem Herausgeber in Verbindung zu setzen.
The editor and publisher would like to thank image rights holders who have kindly given their permission for publication. Every effort has been made to identify all rights holders before publication. We would ask any rights holders we did not manage to contact to get in touch with the editor.

Herausgeber der Schriftenreihe METROPOLE:
Editor of the series METROPOLIS:
Internationale Bauausstellung IBA Hamburg GmbH
Uli Hellweg, Geschäftsführer Managing director
Am Veringhof 9
21107 Hamburg

www.iba-hamburg.de

Redaktion Band 2 Editors Vol. 2:
Olaf Bartels, Hamburg/Berlin; Oliver G. Hamm, Berlin
Co-Bildredaktion Image co-editor:
Annina Götz, Göttingen
Redaktionsbeirat der Schriftenreihe IBA Hamburg
Editorial committee of the series IBA Hamburg:
Olaf Bartels, Prof. Dr. Jörn Düwel
Oliver G. Hamm, Prof. Dr. Gert Kähler
Prof. Dr. Michael Koch, Dirk Meyhöfer
Prof. Jörn Walter

Gesamtkoordination der Schriftenreihe IBA Hamburg
GmbH Coordination of the series IBA Hamburg GmbH:
Gerti Theis, René Reckschwardt
Übersetzung Translation:
Deutsch-Englisch German-English: Ann Drummond
in association with First Edition Translations Ltd,
Cambridge, UK; Lucinda Rennison, Berlin
Englisch-Deutsch English-German (S. p. 24-34, 122-132,
142-148): Jörn Frenzel, Berlin
Gestaltung und Satz Design and setting:
Tom Unverzagt, Leipzig
Lithografie Lithography: Bild1Druck GmbH, Berlin
Druck und Bindung Printing and binding:
GCC Grafisches Centrum Cuno, Calbe

Bibliografische Information der Deutschen Bibliothek
Die Deutsche Bibliothek verzeichnet diese Publikation
in der Deutschen Nationalbibliografie; detaillierte
bibliografische Daten sind im Internet über http://dnb.
ddb.de abrufbar.
Bibliographic information published by Die Deutsche
Bibliothek
Die Deutsche Bibliothek lists this publication in the
Deutsche Nationalbibliografie; detailed bibliographic
data are available on the Internet at http://dnb.ddb.de

jovis Verlag GmbH
Kurfürstenstraße 15/16
10785 Berlin
www.jovis.de
ISBN 978-3-939633-91-4